高职体育教学与实践研究

徐 杰 著

南开大学出版社

天 津

图书在版编目(CIP)数据

高职体育教学与实践研究 / 徐杰著. —天津：南
开大学出版社，2025.4
ISBN 978-7-310-06589-9

Ⅰ.①高… Ⅱ.①徐… Ⅲ.①体育教学－教学研究－
高等职业教育 Ⅳ.①G807.4

中国国家版本馆 CIP 数据核字(2023)第 256451 号

高职体育教学与实践研究
GAOZHI TIYU JIAOXUE YU SHIJIAN YANJIU

南开大学出版社出版发行
出版人：王　康
地址：天津市南开区卫津路 94 号　　邮政编码：300071
营销部电话：(022)23508339　营销部传真：(022)23508542
https://nkup.nankai.edu.cn

河北文曲印刷有限公司印刷　全国各地新华书店经销
2025 年 4 月第 1 版　　2025 年 4 月第 1 次印刷
240×170 毫米　16 开本　14.25 印张　2 插页　209 千字
定价：72.00 元

如遇图书印装质量问题，请与本社营销部联系调换，电话：(022)23508339

前　言

体育教学历史悠久，古已有之。随着人类社会的发展，体育教学经历了一个不断充实、完善的过程。在其发展的过程中，现代体育教学逐渐发展成为科学的教学、全面的教学，培养德、智、体、美全面发展人才的教学。如今体育教学越来越受人们的重视，在社会中发挥着越来越重要的作用，各国先后对体育教学的内容、教材和教法展开了探索与改革。

我国的体育教学目标以教育思想为准绳，也伴随着教育思想的变化而做出相应的改革，教学内容、教学方法以及教学评价等也都要随之进行相应的改革。纵观过去，在传统教学思想的指导下，我国体育教学的弊端逐渐显露：教学模式单一，教学内容乏味枯燥，教学方法陈旧落后，与现代教育思想严重不符，不能很好地体现现代教育理论在具体教学实践中的应用。针对以上弊端，考虑现代教育思想的深刻变革，我们需要认清形势，抓住现代教育思想科学指导的良机，进一步完善现代体育教学体系，实现现代体育教学的新目标，以带动我国体育事业的全面发展。

随着科学技术的进步和体育运动技术的不断发展，人们对体能训练的认识不断加强，对体能训练工作也有了更高的要求。对于高校学生而言，繁重的学业压力和日趋激烈的就业压力是其面临的主要问题，而没有良好的体能作为基础，则无法适应快节奏的现代生活和激烈的社会竞争。因此，科学的体能训练对于增进学生的身心健康水平、提高运动能力以及防御伤病，具有其他运动手段所无法替代的作用和优势。同时，坚持系统的体能训练，可有效促进学生形成健康、积极的生活方式，对于提高学生的学习、工作质量以及优化生活具有重要意义。此外，高校学生对经常从事的运动项目进行相应的体能训练，不仅有助于提高自身的健康水平，同时有助于提高运动技能，为比赛取得优异成绩创造条件。

近年来，随着体育教学改革的不断深入，体育教学理论的研究和探索日益活跃，体育教学论的著作也越来越多，这是体育教学理论研究和体育教学论教材建设繁荣兴旺的表现，也象征着高职体育教育学科走向科学化。

高职体育教学是培养适应社会发展需求、具备专业素质与职业能力的高素质人才的重要途径之一。然而，高职体育教学面临着许多挑战和问题，例如，如何培养学生的运动兴趣和技能，如何设计有效的教学方案，如何提高教学质量，等等。为了回应这些问题，本书聚焦高职体育教学的核心议题并加以展开，旨在为读者提供一些理论支撑和实践指导。

本书主要分为九个章节。首先，我们介绍高职体育教学的基本理论和方法，包括教学目标的设定、教学内容的选择、教学方法的应用等。这部分旨在帮助读者建立起系统而科学的高职体育教学体系。其次，我们通过案例分析，探讨高职体育教学中的实际问题，并提供相应的解决思路和方法。这部分将帮助读者深入了解高职体育教学的实践挑战，并提供一些可行的解决方案。最后，我们结合最新的研究成果，对高职体育教学中的热点和难点问题进行深入研究，旨在为读者提供一些前沿的研究思路和方法。这部分将引领读者走近高职体育教学研究的前沿，并帮助他们更好地理解和应用相关理论。

江西制造职业技术学院

徐　杰

2023 年 12 月

目 录

第一章　高职体育教育的理论基础

　　随着我国教育体制改革的不断深化，高职院校体育教学越来越受到社会各界的关注。为了切实提高高职院校体育教学质量，本章结合我国高职院校体育教学实际情况，首先对我国高职院校体育教学的概念和特点进行分析，然后提出几点提高高职体育教育质量的对策，旨在为提升我国高职院校体育教育质量提供理论参考。体育教学是学校教育的重要组成部分，也是实施素质教育的重要手段。当前我国高职院校体育教育中存在许多问题，影响体育教育质量，因此，研究并分析高职院校的体育教学特点，对于进一步提高高职院校体育教育质量具有重要意义。

第一节 高职体育教育概念与特点

一、体育教学概念及体系

（一）体育教学概念

体育教学分为广义和狭义两方面。广义的体育教学包括教养、教育和发展三方面。其中，教养侧重学生的知识传授；教育侧重学生德育教育，即学生的个人道德修养等；发展则侧重学生由内而外的自我价值实现。这三方面综合起来构成广义的体育教学内容。狭义的体育教学主要是教师针对学生的不同特点进行课程的选择，即教师在给定的教学大环境和学生专业发展需求的背景下，以体育教材为基础，进行体育课程的选择和传授。体育教学的广义和狭义概念均要求教师从学生的内在心理状态到外在个人生理发展上都进行引导并传授技能。

（二）体育教学体系

体育教学体系包括学生、教师、教学内容与教学环境四个部分，这四部分中，学生、教师与教学环境稳定性较强，教学内容则相对灵活。教学内容是教师根据学生需要、自身能力和教学环境所指定的课堂内容和教学手段等。

体育运动是在校学生重要的活动形式之一，在增强学生体质的同时，陶冶了学生的情操，磨炼了学生的意志。当今社会，学生在学习的同时承受着巨大的生活压力，体育锻炼能够增强学生的心理和生理抗压能力，促进学生身心健康发展。因此，体育教师在制定教学目标、课堂选题与教学方面需要多费心思。

在高职院校中，体育是一门重要的课程。体育不仅可以有效提升学生的身体素质，而且还能够培养学生的体育技能，让学生更好地了解体育知识。高职院校体育教学必须明确教学目标，同时还要遵循素质教育的要求。高职院校开展体育教学工作，主要目的是强化学生的身体素质和心理素质，同时让学生热爱体育运动，激发其对体育运动的兴趣。

从根本上说，体育教学就是为了培养学生身体素质和心理素质而展开的教育工作，促进学生全面发展。高职院校开展体育教学工作需要注意加强对学生身体素质和心理素质的培养力度，因为这两方面与学生以后的发展有密切的关系，这样才能使学生更加符合社会发展的需求。

二、高职体育教育的特点

（一）教学内容丰富

高职体育教学内容具有多样性。由于高职院校学生的身体素质有个体差异性，因此高职院校在确定体育教学内容时要坚持"因材施教"的原则，根据不同学生的身体素质和特点制订科学合理的体育教学计划。如对于体能较差的学生，在进行基础训练时要采取一些针对这类学生的方法进行训练；而对于身体素质较好的学生则要注重其基本技术和身体素质的训练。高职院校是培养高技能人才的场所，因此在进行体育教学时要坚持"实践第一"的原则。高职院校学生在进行体育锻炼时往往只注重动作技巧、技术动作、运动损伤预防和康复等方面的学习，而忽视了实践操作能力和运动能力的培养。因此体育教学要注重培养学生的实践能力和运动能力，使其能够将所学知识灵活应用于实践中，从而提升实践操作能力。如在篮球教学中，教师要教会学生正确选择器材并掌握使用方法；在乒乓球教学中，要教会学生正确使用球拍和乒乓球等器材；在羽毛球教学中，要教会学生正确选择羽毛球球拍等；在田径教学中，要教会学生正确选择跑步的方法、技巧等。

1. 高职院校体育教学应当与专业紧密结合

高职体育教学与专业紧密结合体现在两个方面。首先是由于高职院校学生大多毕业后直接进入工作岗位，因此在进行体育教学时要注重实用性。其次是教学内容要与专业紧密结合，以达到学以致用的目的。为了提升高职体育教学质量，高职院校需要不断探索新的体育教学方法和手段，从而实现高职体育教育与专业紧密结合的目的。

2. 高职院校体育教学应以培养学生技能为目的

高职院校进行体育教学时要坚持以学生技能培养为主要目标。高职院校的主要目的是为社会输送高素质人才，因此在进行体育教学时要注重培养学生技能，让学生在掌握体育技能的同时提高自身素质。如在田径教学中要注重学生专项力量的培养，让学生掌握正确的跑步技术和跑步方法；在篮球教学中要注重学生投篮技术的培养，让学生掌握正确的投篮技术；在排球教学中要注重学生传球、接球等基本技术的训练，使其能够更好地完成比赛。在体育教学时要将身体素质训练与体育技能训练相结合，使学生掌握更多的体育技能，从而更好地适应社会需求。如在篮球教学中，教师可以利用篮球游戏的方式训练学生的篮球技能；在羽毛球教学中可以利用羽毛球飞行方式来训练学生打羽毛球的技能；等等。高职院校还要注重培养学生的体育锻炼习惯。如在体育课上教师要带领学生做一些基本运动，如慢跑、跳绳、踢毽子等，从而使学生养成良好的体育锻炼习惯。同时高职院校要制定相关的规章制度，引导和督促学生进行体育锻炼。如教师要制定相关的体育课考勤制度、班级体育活动制度等，从而保证体育教学的顺利开展。

3. 高职院校体育教学应注重理论与实践相结合

由于学生身体素质存在差异，因此在进行体育教学时不能采取统一的教学模式，而应该注重理论与实践相结合。如在进行篮球教学时教师可以先让学生进行基础训练，然后让其进行实战演练，这样学生不仅能够将理论知识运用于实践中，而且能够巩固所学的技术动作。在进行田径教学时可以先让学生进行热身训练，然后再让其进行田径练习，这样可以帮助学生更好地了解田径运动的基本知识，从而提高田径运动水平。

4. 高职院校体育教学要因材施教

高职院校学生的身体素质和运动能力存在差异，因此在进行体育教学时要根据学生的不同特点和实际情况，有针对性地制订体育教学计划，并根据实际情况调整教学内容和教学方法。在教学过程中要坚持因材施教的原则，根据学生的实际情况为其提供不同的运动方式和练习方法。例如，对于体能较差的学生，可以采取一些针对他们的教学方法，如在进行篮球教学时可以在课前安排一些基础训练，帮助其增强体能；对于体能较好的学生可以在课前安排一些提高运动能力的练习。体育锻炼是培养学生吃苦耐劳、顽强拼搏精神和集体协作精神的重要途径，因此在进行体育教学时要注重培养学生吃苦耐劳和团队协作的精神。如在进行田径教学时可以安排一些短跑项目，让学生通过跑步锻炼自己的速度、耐力等，增强其身体素质。在进行篮球教学时可以安排一些三步上篮、快速运球等训练内容，帮助其增强运球能力；还可以安排一些传接球和篮下运球等训练内容，帮助其增强身体对抗能力。在进行排球教学时可以安排一些快速移动、垫球等训练内容，帮助其增强移动能力。在进行足球教学时可以安排一些快速跑位、抢球和射门等训练内容，帮助其增强身体协调能力。

5. 高职院校体育教学要以学生为本

高职院校的学生是未来社会的建设者和接班人，因此高职院校要将学生的职业素质和能力培养放在首位，并将此作为体育教学的基本任务。高职院校应从学生的职业需求出发，以学生为本，根据学生的特点制订科学合理的体育教学计划，并针对不同专业的学生设计不同的体育教学方案。如针对机械类专业的学生应重点培养其速度、耐力等；对于建筑类专业的学生应重点培养其柔韧性、耐力等；对于土木类专业学生应重点培养其力量、柔韧性等。在体育教学过程中，高职院校教师要根据学生特点制订有针对性的体育教学方案，并结合专业特点和不同专业对学生身体素质的要求制订体育教学计划，从而使高职院校体育教学工作更好地开展。随着社会经济的发展和科学技术水平的不断提高，人们对健康素养和身体素质的要求越来越高。因此，高职院校必须坚持终身体育的思想，注重对学生进行全面发展教育，不仅要注重学生体能、身体素质方面的培养，还要注重其心理健康等方面的培养。为了培养学生的终身体育意识和能力，高职院校应将终身体育思想贯穿整个体育教学过程中。同时高职院校还应结合学校实际情况和社会发展需求，对学校体育课程进行科学合理的调整，使其与学校人才培养目标相适应。总之，高职院校应在明确其教育目标、教学特点和教学内容后制订科学合理的体育教学计划，并结合学生未来的职业需求确定高职院校体育课程内容，从而使高职院校能够更好地培养具有较高职业素养和能力、适应社会发展需求的高素质人才。

（二）教学方式灵活

在高职院校传统体育教学过程中，由于学生的主体地位没有得到充分发挥，教师的主导作用没有得到充分体现，这在很大程度上影响了体育教学的质量。在这种情况下，高职院校要想提升体育教学质量，就需要转变传统的体育教学模式。首先，教师可以根据学生实际情况制订相应的教学计划，充分尊重学生的主体地位，让学生能够参与到课堂中来。例如在教授篮球基本技术时，教师可以结合高职院校学生的实际情况制订合理的教学计划，让学生在掌握基本技术的基础上进行练习。在课堂中教师可以引导学生进行分组练习，这样既可以让学生互相帮助、互相学习，还能够培养学生的团队合作精神。其次，在教学过程中教师要采取灵活多变的教学方式。比如在教授足球基本技术时，教师可以让学生根据自己的兴趣和爱好选择不同类型的足球进行练习，这样不仅能够培养学生学习足球的兴趣，还能够提高他们对体育锻炼的重视程度。最后，教师在教学过程中要对传统体育教学模式进行创新。教师可以利用多媒体技术将体育教学内容制作成多媒体课件在课堂上放映，这样既可以丰富课堂内容，还能够让学生更加直观地了解体育锻炼的重要性。为了提高高职院校体育教育质量，需要我们不断创新体育教学模式。在今后的高职体育教育工作中，相关教师要充分利用多媒体技术进行教学，将复杂枯燥的体育知识用形象、直观、生动的方式呈现出来。同时，还要结合实际情况合理安排体育教学内容，提高学生学习兴趣。

1. 体育教学

在高职院校教学工作中，体育教学指的是在高职院校教育体系中，以学生为主体，以培养学生的身心健康为目的，通过各种方式和手段，引导学生积极主动地参与到体育活动中的一种教学活动。在高职院校体育教学过程中，学生是学习的主体，教师是引导者。体育教学不仅能够提高学生的身体素质和心理素质，同时还可以培养学生的合作精神和集体荣誉感。

高职院校体育教育工作对培养学生良好的体育精神有重要作用。体育精神指的是在体育运动中所体现出来的一种积极向上、敢于拼搏、敢于战胜困难、勇于面对失败、坚持不懈等精神品质。这些品质让学生在未来的生活和工作中遇到困难和挫折时，能够勇于面对并克服，不断战胜自我。另外，体育精神还能够激发学生对体育运动的热爱。体育运动可以让学生体验到快乐，从而更加积极主动地参与到体育运动中来。

因此在高职院校体育教学工作中，教师应该注重对学生进行思想品德教育和体育知识教育，让学生养成良好的运动习惯。同时还要不断创新体育教学方法和手段，提高高职院校学生对体育运动的兴趣和热情，这样不仅能够提高高职院校体育教学的质量，还能够促进高职院校健康和谐发展。

2. 体育锻炼

体育锻炼不仅可以让学生身体健康，还能够培养学生的良好品德，提升他们的综合素质。在高职院校体育教育过程中，教师应该充分利用体育教学内容培养学生的体育锻炼意识。首先，教师应该将体育锻炼知识渗透到学生日常生活中。例如，在教授篮球基本技术时，教师可以将篮球的规则、动作要领以及对篮球运动的影响等内容渗透到课堂教学中。这样不仅能够让学生更加全面地掌握篮球运动技巧，还能够提高他们的身体素质。其次，教师还要培养学生养成良好的锻炼习惯。教师应该培养学生养成每天锻炼一小时的好习惯，这样不仅可以提高学生的身体素质，还可以提升他们的精神面貌。最后，教师还要开展形式多样的体育活动，让学生积极参与到体育活动中来。例如，在教授排球基本技术时，教师可以让学生利用课余时间在学校里进行排球比赛。学生在比赛过程中不仅能锻炼身体还能提高心理素质。这种方式不仅可以提高高职院校体育教学质量，还能够让学生养成良好的锻炼习惯。总之，高职体育教育是高职教育体系中不可缺少的组成部分。作为一名高职院校体育教师，应该积极探索适合高职院校特点的体育教学方式和方法，让学生在轻松愉快的环境下接受体育教育。

3. 体育考核

高职院校体育考核是对学生学习情况的检验，也是对学生身体素质的检验。对学生身体素质进行考核，学校可以了解学生在体育课中的表现，掌握学生的身体素质情况。体育考核也可以为后续体育课程的学习奠定良好基础。在以往的高职院校体育课程教学中，教师和学生对体育教学重视程度都不够，导致体育教学质量得不到保证。

为解决这个问题，可以从以下三个方面入手。首先，要树立正确的体育教育观念。高职院校学生大多是高中毕业生，在过去很长一段时间里，他们没有受到良好的体育教育，所以在学习过程中往往不够重视体育运动。要想提高高职院校体育教育质量就必须对他们这种观念进行纠正，只有树立正确的体育教育观念，才能够为后续体育课程教学奠定良好的基础。其次，要合理安排课程内容。高职院校在开展体育课程之前，要先对学生的身体素质进行调查和分析，然后再根据学生的身体素质安排教学内容。最后，要强化学生体育运动意识。为了提高高职院校学生对体育运动的重视程度，需要通过各种方式对他们进行宣传和教育。其中最为有效的方式就是举办运动会，或利用互联网等媒体工具开展线上体育比赛活动，这样不仅能够吸引学生的眼球，还能让学生充分了解体育运动在日常生活中的重要作用。此外，还可以通过组织外出考察活动等提高学生对体育运动重要性的认识，激发他们参与体育运动的兴趣和热情。

（三）注重学生的主体地位

在高职体育教学中，教师不能单纯以学生为中心，而应树立起以人为本的教学理念。在具体的教学过程中，教师应该尊重学生的主体地位，通过与学生进行交流、沟通，了解学生的需求和想法。同时，教师要根据学生的实际情况和发展需求选择合适的教学方式，从而使学生获得更多的知识和技能。在高职体育教学中，教师不仅要对学生进行基本运动技能和技巧方面的教学，而且还要对学生进行心理素质、思想道德等方面的教育。教师在教学过程中要能够将这种教育理念贯穿到整个教学过程中。

在高职院校体育教学中，教师应该从学生实际出发设计体育课堂教学内容，并通过多样化的教学手段提高学生对体育学习的兴趣。例如，在开展篮球训练时，可以通过游戏的方式让学生学习到更多知识和技能；在开展田径训练时，可以将短跑等项目设置成不同的难度和强度；在开展球类训练时，可以采用分组对抗的形式，让学生在比赛中了解到更多的体育知识。多样化的体育课程内容可以激发学生对体育学习的兴趣。

1. 高职院校体育教学中的问题分析

学生在学习体育理论时通常会感觉枯燥乏味，在这种情况下，学生很容易就会出现逃课的现象。由于体育课程具有较强的实践性和趣味性，大部分学生更喜欢参加体育活动，这就导致了很多高职院校的体育理论课程无法吸引学生的注意力。很多高职院校没有认识到体育教学对于培养学生综合素质和能力的重要性，导致一些高职院校的体育教学模式缺乏创新。另外，一些高职院校的体育教师没有真正了解学生的学习和生活情况，导致一些高职院校在进行体育教学时没有将理论知识与实践相结合，这使得学生无法达到较好的学习效果。这些问题都对高职院校的体育教学质量和水平造成了很大的影响。

2. 高职院校体育课程改革的措施

结合以上问题，教师在教学过程中应该树立以人为本的教学理念，将学生作为教育的主体，使学生能够在体育课程中获得更多的收获。同时，教师还应该为学生提供一个良好的锻炼环境，让学生在体育课程中得到更多的锻炼。此外，教师还要注重培养学生的自主学习的能力，使学生能够在体育课程中获得更多的体验和经验。例如，教师可以通过组建体育社团的方式培养学生对体育学习的兴趣。教师应该让学生通过自主学习发现其自身存在的不足并加以改进。例如，在开展篮球、排球、田径项目等训练时，教师可以让学生自己选择喜欢的比赛项目或技能。

3. 高职院校体育教学中实施素质教育的有效途径

在高职院校体育教学中，实施素质教育的有效途径包括以下三个方面。一是要创新教学理念。二是要注重培养学生的综合素质。在体育教学中教师应该提高学生的身体素质、心理素质等综合素质，并培养学生的创新精神和实践能力。三是要注重发挥教师的主导作用。在高职院校体育教学中，教师要发挥自身的主导作用，对学生进行正确的引导和教育。同时，教师还要提高自身的综合素养，为学生营造良好的学习环境和氛围，促进学生全面发展。

4. 结论

高职院校体育教学的主要目标是培养学生的运动能力和身体素质，因此，高职体育教学的主要内容应围绕着提高学生的运动能力和身体素质。在此基础上，教师还要在课堂教学中注重对学生进行思想教育和心理素质教育，提高学生的自我管理能力。另外，高职院校体育教师还应该将以人为本的教学理念贯穿整个教学过程中。在具体教学过程中，教师要通过多种教学方式和方法提高学生对体育课程学习的兴趣，让学生积极主动地参与到体育学习中。因此，教师要尊重学生的主体地位和主观能动性，通过不同的教学方式来提高学生对体育课程学习的兴趣，只有这样才能真正地实现高职院校体育教育的目标。

（四）理论与实践相结合

体育实践活动与理论学习是紧密相关的，理论知识为实践活动提供基础和依据，实践活动对理论知识进行检验和补充。因此，在体育教学中要充分发挥理论教学的作用，让学生具备更多的理论知识。但也不能忽略实践活动的重要性。首先，要以实践教学为基础。在体育教学中，教师应积极开展实践教学活动，让学生在体育活动中学习并掌握基本的体育技能，从而达到提升综合素质的目的。其次，要发挥实践教学的作用。教师要结合高职院校实际情况，制订相应的体育活动计划，设计出一系列与高职院校体育教育相关的实践活动。例如，学生可以通过模拟训练、课外健身等形式开展体育活动。总之，在高职院校体育教学中，教师应坚持理论与实践相结合的原则，不断加强体育理论知识学习，不断丰富体育教学的内容和形式，为学生提供更多的锻炼机会和平台，切实提高学生的身体素质。

第二节　高职体育教学现状及改进对策

体育教学是高职院校教学的重要组成部分，是高职院校全面实施素质教育、提高学生综合素质的重要途径。随着社会的不断进步，高职体育教学也发生了翻天覆地的变化，对我国教育事业发展起到了一定的推动作用。近年来，随着我国经济社会不断发展，对人才综合素质提出了更高的要求，如何提高高职体育教学质量成为我国教育界关注的焦点。我们通过对高职体育教学现状进行分析，力图为提高我国高职体育教学质量提供一定的借鉴。

一、以学生为主体，构建多元化体育教学模式

传统高职体育教学中，教师是课堂教学的主体，学生只是配角。这一教学模式并不符合现代社会对人才综合素质的要求。因此，教师必须转变传统体育教学模式，以学生为主体，充分发挥学生学习的主观能动性，通过多元化的教学模式激发学生对体育学习的兴趣，并使其在体育学习中获得更好的发展。

首先，教师应打破传统教学模式中教师主导、学生被动参与的局面，将传统教学模式的师生关系转变为新型的师生关系。高职体育教师应该以学生为主体，充分尊重学生的个性发展，为其营造良好的学习氛围。教师在体育教学中要以学生为中心，根据不同学生的特点和实际情况制订相应的教学计划。此外，教师还应不断完善和提高自身的知识结构和综合能力，为学生提供多样化、个性化、多元化和高层次的体育课程。

其次，为了激发学生对体育学习的兴趣，教师应积极探索新的教学模式。第一，教师可以根据不同年级、不同专业和学生身体素质差异等情况，设计相应的体育课程。在这一过程中，教师可以根据学生未来职业方向和发展目标设计相应课程。第二，为了让学生掌握更多的体育知

识和技能，可以通过网络进行在线教学。例如，教师可以选择一些与体育有关的网络课程进行教学。第三，为了丰富体育课程内容，教师可以通过多媒体技术展示相关图片、视频等并进行讲解。这种多元化体育教学模式不仅有利于提高教学质量和效率，还有助于增强学生对体育学习的兴趣。第四，为了使不同身体素质水平的学生都能得到良好的发展和锻炼，高职院校的教师可以采用分层教学法和分阶段教学法来提高课堂效率。

二、更新教学理念，制定科学的体育教学目标

随着经济社会的不断发展，人们对教育事业提出了更高的要求，高职院校也不例外。因此，在课程改革不断深入的背景下，高职院校教师要充分认识体育教学对学生综合素质提高的重要作用，在此基础上更新教学理念，制定科学的体育教学目标。高职院校教师要认识到学生身体素质与文化知识、专业技能发展之间的关系，通过体育教学活动让学生掌握一定的体育知识与技能，培养学生良好的体育道德品质，同时促进学生身心健康发展。例如，在开展篮球课教学时，教师应在课前对学生进行充分调查，了解学生的兴趣爱好、性格特点等情况，并结合学生特点制定符合学生发展需要的教学目标。教师还应充分认识到体育教学与其他课程教学之间存在着一定的差异性，在课堂上注重培养学生的学习兴趣和创新精神，为学生创造良好的学习氛围。

（一）明确教学目标

高职院校体育教学要以培养学生身心健康发展为根本目的，通过体育教学活动让学生掌握一定的体育知识和技能，提高学生的综合素质。因此，在开展体育教学活动时，教师要明确教学目标，并以此为基础设计科学合理的教学内容，充分发挥体育教学的价值。首先，教师可以结合高职院校学生的实际情况制定出符合不同阶段、不同年级需要的体育教学目标，如对刚入学的新生进行适应性训练，让学生了解体育运动、掌握体育运动技能，并引导学生树立终身体育意识。其次，教师还应根

据高职院校专业特色和职业技能发展需要，制定符合高职院校特点的体育教学目标。例如，在开展篮球课教学时，教师应充分结合学生自身特点制定出符合高职院校人才培养目标的教学目标，并将其应用到篮球课堂教学中。最后，教师要对学生进行专业指导和训练，促进学生专业技能的发展。教师要让学生认识到体育运动是一项综合性、系统性极强的活动，通过体育活动让学生掌握一定的体育知识和技能。高职院校教师应充分认识到体育运动对学生专业技能发展的重要性，并为其提供良好的平台。

（二）调整教学内容

教学内容是教学活动开展的基础，只有教学内容具有较强的针对性，才能提高教学效果。因此，高职院校教师要结合高职学生特点对教学内容进行调整，结合学生的兴趣爱好与发展需求选择合适的教学内容。例如，在篮球教学中，教师可根据学生专业特点选择篮球训练的内容，帮助学生提高篮球技能；在足球教学中，教师可根据学生身体素质水平选择足球训练内容，帮助学生提高各项身体素质。此外在选择体育教学内容时，还要结合高职院校的实际情况与地域特色。总之，教师要充分认识体育课程对高职学生的重要性，根据实际情况选择合适的教学内容。

（三）创新教学方法

在高职院校开展体育教学活动，教师应不断创新教学方法，以提高体育教学效果。高职院校教师可通过组织学生开展各种体育竞赛活动、体育游戏等方式，培养学生的学习兴趣和创新意识，促进学生身心健康发展。例如，在开展篮球运动时，教师可结合学生的实际情况开展游戏竞赛活动，由学生自由组队参加，比赛前教师可以先向学生介绍篮球运动的基本知识、规则和技巧等内容，引导学生充分发挥想象力，通过设计游戏规则，让学生在娱乐中掌握篮球运动的基本技能和技巧。在此过程中，教师要引导学生互相配合、互相帮助，让学生体会到合作的快乐和乐趣。足球运动作为高职院校开展的最广泛的体育项目之一，可以帮助学生锻炼身体、增强体质。因此教师在组织足球游戏活动时，要充分发挥教师的指导作用和学生的主体作用，让学生在轻松、愉悦的氛围中掌握足球运动的基本技能和技巧。

三、完善体育课程体系，丰富教学内容

高职院校在体育教育过程中，要注意以下五点。

第一，充分发挥学生的主体作用。在高职院校开展体育教学时，应注重培养学生的自主学习能力，需要设置丰富多元的学生自主学习活动，让学生主动参与到体育教学中来。

第二，完善体育课程体系。高职院校在进行体育教学时，应注重完善体育课程体系建设，进而丰富教学内容。同时，要加强对体育教材的研究，使其更加符合当前时代发展需求。

第三，要加大对体育教师的培养力度。为了使高职院校学生在掌握理论知识的同时也掌握实践技能，就需要加大对教师的培养力度。因此，要注重对体育教师专业素质和专业能力的培养。

第四，要注重对学生综合素质的培养。高职院校在进行体育教学时应注重对学生综合素质的培养，使学生在掌握理论知识的同时还能掌握实践技能。随着时代的不断发展，人们对于身心健康有了进一步的认识和理解，在当前社会竞争日益激烈的背景下，高职院校在进行体育教学时应注重对学生的运动习惯进行培养。

第五，要注重对学生创新能力和创新思维能力的培养。随着社会经济的不断发展和科技水平的不断提高，对人才综合素质提出了更高的要求。高职体育教学需要丰富教学内容，但丰富教学内容并不是单纯地将各种运动项目进行混合排列和重复练习就可以了。高职院校要想提高体育教学质量必须要重视与学生心理健康教育相结合的教学模式，通过心理健康教育提高学生的心理素质、承受能力、自我控制能力、人际交往能力、抗挫折能力、社会适应能力、良好习惯养成能力等。因此高职院校在进行体育教学时除了注重对学生运动技能的培养，还应注重心理健康教育，为他们以后参与社会实践活动奠定坚实的基础。

四、加强师资队伍建设，提高教师综合素质

高职体育教师是高职院校教学的重要组成部分，对高职体育教学质量有直接影响。因此，要想提高高职体育教学质量，必须加强师资队伍建设，提高教师综合素质。首先，教师应对教学内容认真钻研，做到教学内容和课程有机结合，根据不同专业、不同层次的学生需求，合理安排课程内容和教学方法。其次，教师应对体育知识进行系统学习，并不断更新自身的知识储备和专业技能。最后，教师应对现代教学理念有清晰的认识，并能够将其融入体育教学中，激发学生的学习兴趣。总之，作为一名体育教师要具备较强的专业素养和丰富的理论知识，只有这样才能更好地指导学生进行体育学习。教师还应具备高尚的道德情操、健康的体魄以及过硬的专业技能，并不断提高自身的专业能力和科研能力等，为学生树立良好的榜样。

五、小结

通过对高职体育教学理论进行研究分析，可以看出高职体育教学理论是推动我国教育事业发展的重要动力，随着我国教育改革的不断深入，也对高职体育教学提出了更高的要求，因此，我国高职院校必须要加强对体育教学理论的研究分析，针对现阶段存在的问题提出有效的解决策略，从而推动我国高职体育教学质量不断提升。

第三节　高职体育教育的教育心理学基础

现代高职教育的发展要求体育教学把培养学生的心理素质和社会适应能力作为教学目标，这就要求体育教师在教学中既要完成教学任务，又要运用心理学理论和方法激发学生学习体育的兴趣，提高学生的身体素质。通过运用心理学原理和方法，体育教师能充分了解学生学习体育的心理需要，了解他们在体育学习中的心理状态及行为特征，从而有针对性地组织教学，使学生在学习过程中积极主动地进行身体锻炼，不断提高运动技能和健康水平。

一、了解学生的需要，激发学习动机

动机是推动人们从事某项活动，并使活动的结果朝着一定方向发展的心理倾向，是推动人们行为活动的内部动力。学习动机是指学生为了实现一定的学习目标，积极主动学习的需要。学生在学习过程中是否有兴趣，有无明确的目标，取决于他们是否具有某种需要，而这种需要又与他们的兴趣爱好和专长相关。因此，教师要根据学生的个体差异和不同需要，激发他们的学习动机。

首先，教师应通过各种途径了解学生的兴趣爱好和专长，针对不同学生的特点组织教学，以满足学生的不同需要。如针对体育成绩好、爱好广泛、基础较好、能力较强，有一定专长或特长的学生可进行专项教学；对有一定专长或特长但成绩不太理想、对体育没有特殊兴趣和特别爱好的学生可进行普适教学。在教学过程中教师应充分了解学生学习上和生活上存在的问题和困难，采取相应措施给予帮助。

其次，教师要根据不同需要帮助学生确定明确的学习目标，激励他们主动开展体育活动。如针对不同需要或有一定特长的学生，在教学中要采用不同教学方法和手段满足他们对某一方面知识和技能的需求。如

针对体育成绩好、体育爱好广泛，有一定专长或特长但体育基础一般，或有一定专长但不太喜欢体育运动的学生，可以采用以练习为主的方法来满足他们对体育运动知识和技能方面的需求；针对体育成绩差或基础较差类型的学生，可以采用游戏为主、教学为辅的方法满足他们对体育运动知识和技能方面的需求。

（一）以练习为主，兼顾其他

学生学习过程中，以练习为主的方式有多种，教师应根据不同类型的学生采用不同的练习方法。首先，教师要根据体育教学内容的特点，针对不同学生的特点采用不同的练习方法。如针对体育基础较好、体育能力较强的学生可采用以身体练习为主的方法，让他们在教师指导下进行各种身体练习；对体育基础较差、体育能力较弱的学生可以以技术练习为主，让他们在教师指导下进行各种基本技术练习。其次，教师应根据学生年龄和性别特点，采用不同的教学组织形式。如针对年龄较小的女学生，可采用分组教学、自由组合等形式；针对年龄较大或男学生，可采用分组教学、分组比赛等形式。最后，教师要根据不同类型的学生制定不同的评价标准。如针对体育基础较好、体育能力较强的学生应采用以能力评价为主，同时兼顾动作技术评价的方式；对体育基础较差、体育能力较弱的学生应采用以成绩评价为主，同时兼顾动作技术评价的方式；针对年龄较大或女学生可采用年龄、性别评价为主，同时兼顾动作技术评价和成绩评价的方式。总之，高职院校体育教学要充分考虑不同类型学生在学习过程中的差异性，根据不同类型学生的特点和需要确定相应教学组织形式，只有这样才能更好激发学生的学习动机。

（二）以游戏为主，适当教学

在教学过程中教师要根据学生的特点采用合适的教学方法，以游戏为主，适当教学，充分发挥学生的积极性和主动性。在体育教学过程中，由于学生的生理、心理发育不成熟，其认知结构、自我评价能力较差，同时又存在着认知结构发展不平衡的特点，因此，教师要注意让学生学会如何运用动作技能并掌握运动技能。例如，在学习游泳时可先让学生练习蛙泳，快速掌握游泳技巧，再让学生学习自由泳，就比较容易了。又如在教授篮球基本技术时，可以采用游戏的方式先让学生进行一些简单的篮球基本技术练习，这样不仅能提高学生的积极性和兴趣，而且还能培养他们对体育运动知识和技能的学习能力。总之，在体育教学中教师要充分了解学生的身心发展特点，针对不同情况采用不同的教学方法和手段。这样不仅能提高体育教学的质量和效果，还能使学生通过体育活动在身心健康方面得到较好发展。

（三）以教学为辅，进行指导

在体育教学中，教师要根据学生的身心特点和不同需求，采用不同的教学方法和手段，为他们提供知识、技能和心理上的指导。如学生在学习某一运动项目时，因为没有基础或没有兴趣，所以往往存在一定的困难。而当教师给学生传授一定的体育知识和技能后，学生的学习动机就会增强，学习态度也会发生变化。因此教师在教学过程中要帮助学生分析他们自身存在的问题，针对具体问题提出相应的解决方法。如针对体育成绩差或没有运动基础、基础较差等类型的学生，如果他们在学习上存在的困难，教师应引导他们树立正确的学习动机，以其兴趣爱好为切入点激发他们对体育运动知识和技能的需求。教师应帮助学生分析在体育运动方面存在的不足之处，指导他们从基础训练抓起，制订相应的学习计划并按计划进行训练。通过教学使学生坚定信念、激发热情，为他们对体育运动知识和技能的学习增强信心。总之，教师在体育教学中要充分了解学生的需要，激发他们对体育知识和技能方面的需求，使他们逐步形成正确的学习观、成才观和就业观。

（四）结合实际，灵活教学

体育教师要善于根据教学内容和学生的实际情况，灵活采用不同的教学方法和手段，让学生在轻松愉快的气氛中接受知识和技能。如在教授篮球技术时，可以采用"个人练习+分组比赛"的形式，即教师与学生分别在各自的位置上进行篮球技术练习，在比赛中再相互交流和学习。这种形式可以使学生在较短时间内掌握技术要领，既能激发学生学习的积极性，又能提高学生学习的效率。又如在教授排球技术时，教师也可采用"个人练习+比赛"的形式，即在进行排球技术教学时，教师首先安排两名同学进行一次排球技术比赛，然后让其他同学再进行一次排球技术练习。

1. 调动学生学习的积极性

在教学过程中，教师要善于运用积极的情绪体验和成功体验，激发学生学习的兴趣和热情。如在教授篮球基本技术时，教师要有意识地设计一些能够反映学生学习水平、激发学生学习兴趣的游戏，并利用这些游戏进行比赛，让学生在竞争中体会成功的喜悦和快乐。又如在教授排球技术时，教师可先让学生进行简单的游戏比赛，然后再根据教学内容设计一些难度较大的比赛项目，通过这种方式，既可以提高学生学习排球技术的兴趣，又可以激发学生学习的积极性，从而使教学任务顺利完成。

2. 培养学生的竞争意识

竞争是体育教学的重要内容，也是激发学生学习积极性的有效手段。在体育教学的过程中，教师可以有意识地培养学生的竞争意识，让学生在"你追我赶"中不断进步。如在篮球教学中，教师可以选择几个篮球水平较高的学生，让他们进行一些基本技术的比赛，如传球、运球、投篮等，以降低学生之间的水平差距；又如在排球教学中，教师可选择两个或几个排球技术水平相当的学生，让他们进行一次排球技术比赛，比赛结束后，教师可根据得分情况对参赛同学给予适当的表扬和奖励。

二、培养学生良好的意志品质、心理素质

心理学家认为，意志是在人的认识和实践过程中形成并发展起来的，是人们为达成一定目的所采取的态度和行为。意志是在认识的指导下，根据一定的目的并依据人的生理特点和外部条件调节自己行为的心理过程。高职院校的学生大多具有好奇、好动、好模仿等特点，他们在体育课堂上学习动作技能时，往往会出现两种情况：一是对学习内容感到枯燥乏味而不愿意去做；二是当学习过程中出现困难或受挫折时，容易自

暴自弃，产生放弃学习的念头。在这种情况下，如果教师不及时采取有效措施帮助学生克服困难，学生容易形成半途而废、畏惧退缩和悲观消沉的不良心理。因此，教师在组织教学时要培养学生良好的意志品质。如在上武术课时，教师就可以利用一些游戏和比赛来培养学生顽强拼搏、勇敢顽强、持之以恒等意志品质；在上健美操课时，就可以把"踢毽子""跳沙袋"等活动与体育游戏相结合；在上体育舞蹈课时，可以组织各种形式的比赛来培养学生坚持不懈、克服困难等意志品质。这些体育教学活动的开展，不仅能够增强学生的健康水平和审美能力，还能培养他们坚忍不拔、勇敢顽强、敢于竞争、敢于胜利的意志品质。

（一）体育教学活动有利于培养学生的竞争意识

现代体育教学是以竞技运动为中心内容的，竞争意识是学生个体在竞技活动中表现出来的一种积极进取、奋发向上、努力拼搏的心理品质。它包括对竞争对象的认识、对竞争结果的估计以及对竞争行为的评价。在体育教学中，教师要通过各种形式的比赛和游戏，让学生参与体育活动，与他人进行竞争，在竞争过程中取得好成绩并与他人共同进步。由于体育活动本身具有一定的竞争性，它可以使学生产生一种内在的紧张感和压力感，促使学生自觉地学习和提高自身能力。体育教学活动是一种既能使学生得到生理上锻炼、心理上愉悦、技能上提高的活动，也是一种既能培养学生个性又能发展学生身体素质的活动。在体育教学活动中，学生只有积极参与，才能更好地体验到成功的喜悦。在竞争意识培养过程中，教师要善于激发学生参与体育运动的兴趣和热情；要引导学生正确认识自己与他人之间存在的差距，不盲目地与他人攀比；要经常鼓励学生敢于同他人竞争，即使失败也不要气馁；要引导学生正确地评价自己和他人在比赛中所取得的成绩；要经常鼓励学生大胆地参与各种体育比赛。因此，教师在组织体育教学活动时要抓住各种机会，为学生提供培养竞争意识的机会，这样不但能够使学生掌握基本知识和基本技能，而且还能培养他们敢于竞争、敢于拼搏、勇于胜利的意志品质，让他们在体育教学中获得快乐、满足感和成功感。

（二）体育教学活动有利于提高学生的身体素质

在高职院校体育教学中，由于学生的年龄、性别、身体素质等存在差异，教师在组织教学时要根据学生的个体差异因材施教，以确保每个学生都能得到发展。体育教学活动可以提高学生的身体素质，主要是因为体育教学活动不仅可以让学生掌握和运用体育知识和技能，还能让他们在体育活动中得到生理上和心理上的满足。比如在篮球教学过程中，教师可以采用一帮一或多帮一的方式，让身体素质较差的学生多参与练习，也会让身体素质较好的学生得到锻炼和提高。又如在足球教学过程中，教师可以让身体素质较好的学生担任守门员、进攻员和传球员等角色；在排球教学过程中，教师可以让身体素质较差的学生担任攻球员和拦网员等角色。这样既能提高学生参与体育活动的积极性，又能让他们在身体得到锻炼的同时也得到心理上的满足。

（三）体育教学活动有利于促进学生的心理健康发展

高职院校学生的心理发展还不成熟，自我调节能力较差，往往容易受到外界因素的影响而产生情绪波动或心理失调。他们往往把体育锻炼当成宣泄不满情绪和缓解心理压力的一种方式。在这种情况下，教师如果不及时加以引导和教育，学生可能会产生自卑、孤僻等不良心理，甚至还会造成厌学、逃学、违反纪律等现象。因此，教师在体育教学过程中要善于用语言和行动来引导学生，让他们知道体育锻炼不仅能强身健体、减肥塑身，还能调节情绪、提高心理素质。如在上武术课时，教师就可以给学生讲述一些传统武术的基本动作和套路，并在课堂上进行展示、组织比赛等，从而提高学生的学习兴趣和学习热情。教师还可以在课间组织一些"放松操""音乐游戏"等体育活动激发学生的兴趣和学习热情。当然，教师在组织教学时要注意根据学生的身心特点和实际情况选择教学内容和教学方法，让他们在运动中体验成功的喜悦、锻炼身体的快乐，从而让他们的身心能够健康发展，形成积极向上的心理状态。

（四）体育教学活动能够增强学生的自信心和社会适应能力

社会适应能力是指人们在社会生活中，以一定的方式主动与他人、社会进行交往，从而在各种关系中保持平衡和稳定的能力。高职学生由于心理承受能力普遍较弱，社会适应能力较差。在体育教学中，教师通过组织学生参加各种体育活动，不仅能够让学生掌握一定的体育运动技能和技巧，提高他们的身体素质，还能够增强他们的自信心。在体育教学中，教师要充分重视学生的心理健康问题，通过游戏、竞赛等方式激发学生的参与热情和竞争意识。例如，教师可以组织学生参加各种球类比赛活动，在比赛过程中，每个学生都有展示自己个性特长的机会和赛场。比赛能够培养学生的竞争意识和团队精神，能够激发学生对体育运动的兴趣和热情，能够培养学生坚强勇敢、顽强拼搏、不怕困难、克服困难等意志品质。

三、重视学习环境的影响与作用，促使学生形成正确的学习动机

学习动机是推动人们学习的一种内部驱动力，它是学生学习的动力之源，是激发和维持学生学习的动力，决定着学生学习的积极性和主动性，对学生的学习起着定向和推动作用。环境因素对人的行为有深刻的影响，良好的环境是促进学生积极参与体育活动的重要条件。体育教学的环境因素包括学校的体育设施、教学器材，以及社会体育活动等。学校的体育设施和教学器材是学生进行体育锻炼和开展课外活动的物质条件，正确使用各种体育设施可以让学生在学校里学到科学系统的锻炼方法，在课余时间与同学一起进行健身娱乐活动，让学生的学习生活充满乐趣，从而形成正确的学习动机。对高职学生来说，社会体育活动是他们业余生活中不可缺少的内容。社会体育活动不仅能锻炼身体，增强体质，而且还能培养人与人之间团结友爱的精神和集体主义思想，社会体育活动对提高高职学生健康水平、增强他们的社会适应能力具有重要作用。因此在高职院校开展社会体育活动不仅是必要的也是可能的。

通过社会体育活动，可以培养学生的兴趣爱好，提高学生的体育活

动能力。第一，社会体育活动可以培养学生的社会适应能力和合作精神，从而促进学生身心健康成长。第二，社会体育活动可以丰富学生的课余生活，培养学生的个性和兴趣爱好。第三，社会体育活动可以增强学生的集体观念和合作意识，促使学生形成正确的世界观、人生观、价值观。

综上所述，学校体育教育作为素质教育的重要组成部分，其实质是使学生掌握科学的体育锻炼方法与知识，养成良好的运动习惯。良好的学习环境对激发学生参加体育锻炼、促进其身心健康成长具有重要作用。因此高职院校在开展体育教学活动时，应充分利用各种条件与资源，创造一个有利于激发和维持学生学习动机、有利于提高学生学习效率的学习环境。

总之，高职院校体育教学工作要根据高职学生的特点和教学规律，发挥学生自身优势和特点开展丰富多彩的活动和比赛，激发学生参与活动和比赛的兴趣，同时应加强学校、家庭与社会之间沟通合作，努力为学生创造一个良好的体育锻炼环境，这样才能让体育活动在促进学生身心健康成长中发挥出应有的作用。

通过社会体育活动，可以增强学生的竞争意识和团队精神，从而激发学生对体育学习的积极性和主动性。体育活动需要竞争，而竞争中最重要的就是"分"，这是学生进行体育学习的动机之一。当学生知道自己在学习上处在较好的位置时，就会产生一种满足感和成就感，这种满足感和成就感又会使他们产生一种竞争意识。这种竞争意识是一种向上的、积极的竞争意识，可以促使学生产生一种向上的、积极的学习动机。学生在社会体育活动中取得了优异的成绩，会得到更多人的肯定和鼓励，他们会变得更加自信。这种自信又会促使学生更加努力地学习，从而形成一种良性循环。随着社会体育活动规模的不断扩大，高职院校内各个班级、年级间学生之间的竞争会更加激烈。为了增强班级、年级间的竞争力，各个班级、年级之间应进行合作学习，争取在体育活动中取得好成绩。这种集体协作学习能够产生一种新的竞争意识，这种竞争意识是对自己和他人能力水平的一种肯定，能激发学生积极进取和追求成功的心理动力。此外，社会体育活动还可以培养学生的团队合作精神和集体主义思想，让他们在今后工作中也能够团结协作、互相帮助、互相支持、互相配合，从而提高为集体服务的意识和能力。

四、教师应注意自己的行为对学生的影响

学生是发展中的人，具有较强的可塑性，因此，教师应注意自己的言行举止对学生的影响，要建立民主、平等、和谐的师生关系。在教学过程中，教师应做到：①用热情、积极的态度感染学生；②用积极、民主的方式与学生沟通；③用正确的榜样示范引导学生；④用和谐、民主的气氛感染学生；⑤在教学过程中，注意自己的言行举止，以自己良好的言行影响学生，以自己高尚的品德影响学生。

教师在教学过程中应不断更新教育观念，采用先进有效的教学方法，根据不同年级、不同内容设计出符合教学对象特点和要求的教学计划和教学方法。体育教师要善于用丰富生动、形象直观、充满激情和活力的教学语言，把枯燥乏味的内容变得生动有趣。在教学过程中要对学生进行正确引导，让他们充分发挥主观能动性和创造性，增强学习兴趣。另外，体育教师要不断提高自身素质：一是要具有渊博扎实的知识；二是要具有较强的业务能力；三是要具有良好的品德和形象气质。

（一）培养学生的体育兴趣

兴趣是从事任何活动的心理倾向，是积极认识某种事物或爱好某种活动的倾向。它是推动学生学习的一种内部动力，也是促进学生身体发展、健康成长的动力。培养和保持学生对体育学习的兴趣，是体育教师进行体育教学的一个重要内容。在教学中，教师可以利用各种形式，如音乐、舞蹈、游戏等，吸引学生的注意力，激发他们对体育学习的兴趣。在教学中，教师要结合具体内容选择运用合适的形式和方法来激发和保持学生对体育学习的兴趣，比如利用音乐、舞蹈来激发学生的兴趣，采用游戏、比赛等形式吸引学生的注意力，从而提高教学效果。教师要充分利用体育教师的职业特点，培养和保持学生对体育学习的兴趣，利用各种手段和方法激发学生学习体育的兴趣，让他们在学习过程中体会到

成功的喜悦。

（二）培养学生良好的个性心理特征

高职学生的个性心理特征要求教师要有细致、严谨的教学态度，对学生的学习和生活要有足够的耐心。此外，教师还要具备良好的心理品质，要尊重学生，在教学过程中要把自己与学生摆在平等的位置；对学生的人格要给予充分尊重；对学生的错误和缺点要耐心进行正确引导；对学生的学习成绩和进步应予以肯定、鼓励和表扬。另外，教师要具备高度的事业心、责任心、进取心、同情心、上进心，用自己良好的行为感染学生。同时还要具有较强的组织能力和控制能力、良好的语言表达能力和沟通能力等，只有这样才能让学生受到良好的教育。

（三）正确引导和对待学生的失败

在体育教学中，由于学生的技术水平、身体素质等个体差异，学生在练习中往往会出现各种各样失败的情况。针对这种情况，教师应采取积极有效的措施进行正确的引导。首先，教师应对学生的失败给予正确的评价，并对其进行耐心的指导和帮助，让他们意识到自己练习中存在的问题，从而获得信心和勇气。其次，要注意培养学生正确对待失败、承受失败的心理素质。教师应以客观公正、公平公开、实事求是的态度对待学生，让每个学生都能充分感受到老师对自己的信任和关心。最后，教师应鼓励学生进行自我总结和改进。教师要及时帮助学生发现错误并总结经验教训，为今后顺利完成练习任务打下坚实的基础。

总之，体育教学应充分调动和发挥学生学习体育的积极性、主动性和创造性，让他们养成良好体育行为习惯和思想道德品质等方面的素质，为学校培养适应社会发展需要、具有创新精神和实践能力的高素质人才奠定基础。

五、对学生进行情绪教育，培养其积极乐观的心态

　　情绪是人对客观事物的态度体验，是人的思想、心理活动在生理上的表现，包括对客观事物的态度和要求是否得到满足而引起的各种情绪体验。体育教育的目的是培养学生积极乐观的心态，让学生能更好地适应社会发展。在体育教学过程中，教师要经常通过观察、谈话、讨论等方式了解学生对体育学习的认识和看法，分析学生在体育运动中出现的不良情绪，并给予适当的引导和帮助。此外，教师还要多鼓励学生，帮助他们建立自信心。教学中，教师要注重培养学生积极乐观的心态，让学生正确认识自己所面临的学习压力和社会环境，让他们积极主动地进行身体锻炼，从而养成良好的心态和健全的人格。

第二章　高职体育教学与课程设计

第一节　高职体育教学目标的设定与分析

一、高职体育课程教学目标的基本特征

（一）科学性

《中共中央、国务院关于深化教育改革　全面推进素质教育的决定》中指出："学校教育要树立健康第一的指导思想，切实加强体育工作，使学生掌握基本的运动技能，养成坚持锻炼的良好习惯。……培养学生的良好卫生习惯，了解科学营养知识。"[①]首先，这就要求学校体育教学目标的设定应考虑四个方面，即保健、营养、身体技能和身心全面协调发展，而高职体育教学目标更应注重与社会的发展相适应，提高人才培养意识。其次，体育作为一种人文现象，它有生物、心理、社会等多方面的功能，应根据社会的需要和学生的特征，设置体现体育的多种功能性的课程教学目标；要根据高职院校的专业和学生构成特点在体育的多功能性教育中有所选择，在重视学生体质的同时，还要兼顾学生的心理发展以及其适应社会的能力和终身体育能力的培养，促进学生的心理健康发展，帮助其塑造完善的人格。最后，体育教育也要注重对学生创新能力与个性的培养。体育教育与教学要因时因地而异，重视对学生创造性、体育意识和体育兴趣的培养，只有这样才能塑造出符合新时代发展需要的人，使高职院校真正成为人才的摇篮。

（二）具体性

高职体育教学目标要在不同年级、不同层面上具体化，把目标落到实处，既要有明确的目标，又要有具体的方法，使教学目标有效可行。在目

---

① 中共中央文献研究室. 改革开放三十年重要文献选编（下）[M]. 中央文献出版社，2008：1013.

标的具体操作上，不仅要追求学生外在技能水平的提高，还要全面追求学生的身心协调发展；既要通过体育教育完成对学生身心健康、技能培养、知识传授等方面的任务，还要培养学生对体育的志向、爱好、习惯、能力，为其终身参加体育锻炼打下基础。体育教学目标还应注重各个阶段之间的衔接关系。在目标的表述上要做到语言清晰、层次清楚，各个相邻阶段的目标要层层递进，要体现体育课程目标体系的具体性。

（三）整体性

体育教学目标应以育人为本，实现社会、学生、学科的有机结合，从整体上进行协调。体育课程教学目标，应注意整体性和阶段性，按照不同年级、不同层次来制定。各个阶段教学目标的设置要与学生自身的体育水平和身心特点相符合，不能脱离实际，应有所侧重，充分反映各阶段的特点，体现目标的针对性。各个阶段目标的设置要承上启下，有层次地对待，体现目标的可操作性。各个目标的设置都应包括技能、认识、情感三个方面，体现目标的整体性。

（四）发展性

高职体育课程教学目标不应只局限于学生在校时各方面的身体发展，还要培养学生自主参加锻炼，体验运动的乐趣，进而形成自觉锻炼的习惯，体现"以学生发展为本"的基本观念，自始至终贯彻终身体育的思想。从横向发展来看，高职院校应将课内、课外目标相结合，形成二位一体的教学体系。从学生自身而言，要根据个体之间的差异，充分挖掘自身的身心潜力。从纵向发展来看，高职体育教学目标的设置应与社会的发展和学生适应社会的能力培养相结合，从而为社会培养优秀人才。

二、确立体育教学目标的要求

体育教学目标是一个结构严密、层次分明、排列有序的系统，不论制定总目标、大目标、中目标还是小目标，都应从整体出发，注意目标系统纵向与横向的有机联系，特别要研究各层次目标的纵向衔接。

体育教学目标必须明确、具体，尽可能量化。教学目标必须明确规定教学后所要达到的效果，必须用可观察的、可测量的、具体化的指标加以描述，这样有利于增强体育教学工作的计划性，为体育教学实施，特别是检查与评估工作奠定基础。

体育教学目标受多种因素的制约，而诸多因素都在不断变化。因此，保持体育教学目标的稳定性是相对的，而体育教学目标的发展、变化是绝对的。这就要求我们在制定体育教学目标时，要保持一定的弹性，以便依据实际情况进行必要的修改或调整。

三、确立体育教学目标的原则

（一）科学性原则

体育教学目标的科学性是指教学目标要符合不同阶段学生身心发展的特点。体育教学目标的科学体系有五个方面：第一，要体现体育学科的特点；第二，要全面，即包括认知、情感、动作技能、身体素质和健康素质诸多领域的目标；第三，要根据教材的特点，突出重点和难点；第四，要具体、可操作；第五，难度适中，所设计的目标应该是大多数学生通过一定的努力能够达到的。

（二）灵活性原则

体育教学目标的设计尽管是面向大多数学生的，但由于不同学生体育基础和能力等方面存在一定的差异，因而目标又必须有一定的灵活性。这就要求教师尽可能将教学目标按难度设立不同等级，确保每个学生都能根据实际水平达到相应的等级。

（三）整体性原则

体育课堂教学目标指的是单元目标和课时目标。在编制体育课堂教学目标时，首先要把握学校教育目标和体育课程目标，从整体出发，充分反映学校教育目标和体育课程目标的总体要求，并注意处理好一般和具体的关系。

（四）可测评性原则

体育教学目标的设计是用比较科学、准确的逻辑语言来描述的，这种描述一般比较抽象，比较难确定评价标准。这就要求在实际操作中，所制定的体育教学目标不能用笼统、模糊的语言来描述，必须有一定的量化指标，并可以通过一定的内容和方式比较客观地进行评价和检测。

（五）长期目标与短期目标相结合原则

长期目标应同短期目标相结合。所设定的目标不应该直接指向终极目标，相反，长期目标应该分解成短期的子目标，当子目标实现后，就自然加大了实现长期目标的可能性。研究表明，长期目标与短期目标相结合具有其合理性，因为短期目标能够给学生以期望，调动学生学习的积极性；长期目标给学生以遥远感，长期使用长期目标会破坏学生的学习兴趣。

上述体育教学目标确立的要求、原则，是制定体育教学目标之前必须了解和掌握的，它对体育教学目标的制定具有方向性指导作用，对提高体育教学质量与效果具有非常重要的意义。

四、高职体育教学目标改革的构想

（一）提出教学目标改革的依据

1. 社会对人才素质的要求

现代与未来社会，高等教育担负着为社会培养新型合格人才的重任，现代社会所需求的合格人才主要的标准包括：要掌握本学科专业知识及方法；将本学科知识与实际生活、与其他学科相结合的能力；具有良好的人格品质。这三条基本标准概括起来是，培养全面适应 21 世纪所需要的基础扎实，知识面宽，能力、素质高的德、智、体全面发展的社会主义建设者与接班人。高职体育教学目标的制定要依据高校教育总目标，并遵循体育学科的特点和规律，突出对学生体育知识、体育能力、身心素质、人格品质的培养，使德、智、美育寓于体育教学之中，以促进学生身心全面发展，为实现教育总目标服务，以培养社会所需要的现代人才。

2. 全民健身与终身体育的需要

高职体育是学校体育的最后一环，直接与社会相衔接。充分利用高职体育所具有的诸多优势，培养全民健身的组织者和指导者，为学生终身体育和全民健身服务是高职体育责无旁贷的任务和目标。因此抓好高职体育教学工作，培养学生的体育意识、兴趣、习惯与能力，就能够实现学校体育与社会体育接轨，改变学生毕业后体育活动终结的现象。可以说重视学生终身体育基本素质的培养是 21 世纪高职体育的一个重要目标。

3. 满足学生身心的需要

高职阶段，学生的身体正常发育已基本完成，身体机能水平也处于人生中最佳时期，学生生命力旺盛，具备从事体育运动的条件，是全面发展体能和身体素质，强健体格的最好时期。此间，学生心理发展也趋于成熟，他们渴望从事强身健体的活动。学生对体育的身心需求呈多元化和理性化趋势，现代学生不仅关注强身健体，而且更注重体育健美、娱乐、休闲、交往、竞技和体育文化素质的提高。因此，高职体育教学目标的构想和确立，应适合学生的身心特点，满足学生的身心需要。

4. 体育功能与教学目标的密切关系

高职体育功能是学校体育本身所具有的特征反应，高职体育功能与学校教学目标存在着密切的逻辑对应关系。目标的确立应该同体育功能密切相关，并要设法开发其功能来适应学生成长的需要。应该说，只有功能存在才有其对目标的追求，不存在无功能的目标。学校体育的许多功能，实质上就是目标的载体。只有建立在体育功能基础上的高职体育教学目标，才有其合理性和实现的可能。可见在选择确立高职体育教学目标时，必须考虑体育功能与教学目标的关系以及对相关的功能开发和充分利用。

（二）高职体育教学目标的构建内容

1. 提高学生的体育文化素养与培养学生的体育能力

体育文化素养主要包括体育哲学知识、体育社会学知识、体育美学知识、体育心理学知识、体育卫生学知识、体育保健学知识、体育欣赏知识等；体育能力主要包括体育锻炼能力、体育组织指导能力、体育欣赏能力等。

2. 培养学生体育的认识水平与技能水平

对体育的认识是指比较全面地认识和了解体育，包括体育知识、内容、功能、方法等，学生对体育认识越全面、深刻，就越容易转化为休育行为，可以说认识是实践行为的基础。

体育技能就是从事体育实践具备的技术与能力。它是在对体育充分认识并学习掌握相关动作技术的基础上，进行体育实践所获得的体育能力，也就是说是对体育体验并产生兴趣从而自觉参与体育锻炼的行为表现。这里体育技能是正确完成体育行为和达到目标的重要因素和条件。

3. 增强体质，增进健康

增强体质和增进健康的具体目标是全面发展大学生的身体素质，改善生理机能，强健体格，健美体型，增强对疾病的防御和抵抗能力以及对环境的适应能力。

4. 健全学生的人格品质

高职体育教学目标除了体育教育外还要全面发展大学生的人格品质，主要包括德育、智育、美育和育心的目标。德育目标主要是培养学生良好的道德品质，使学生具有爱国主义精神、责任感，养成团结协作、遵纪守法、公平公正、文明礼貌的道德品质；智育目标就是发展学生的智力品质，培养学生的创新精神和能力；美育目标就是培养大学生鉴赏美、表现美和创造美的能力；育心目标就是培养学生具有良好的心理品质，使学生具有宽广的胸怀、坚强的毅力，具备承受压力和挫折的能力，热爱生活，勇于竞争，乐群合群。

以上体育教学目标内容克服了以往教学目标缺乏科学依据和主观色彩较强的缺陷，所构建的目标是建立在遵循科学依据的基础上，把握目标的研究方法和策略，进而提出符合现代体育教育特点的高职体育教学目标，使之更具科学性、针对性、全面性、合理性和创新性。

五、构建面向 21 世纪高职体育课程教学目标体系的基本框架

（一）按照社会对学生的体育要求构建教学目标

现代课程理论认为课程关注的核心是满足学生需要,这一思想对深化体育课程改革具有重要指导意义。因为需要产生动机,动机引导行为。不符合学生需要的体育是缺乏生命力的,是激发不起学生体育学习与锻炼的积极动机的。制定的教学目标必须使学生的个体需要和国家与社会对学生的体育要求统一、协调起来,绝不能以学生个体需要来排斥国家和社会对学生的体育要求,避免把国家和社会对学生的体育要求视为"计划经济的产物"。片面强调学生个体的需要是不可取和不现实的。学生虽是体育学习的主体,但也是处于发展中的不成熟的主体,他们并不一定能够全面深刻地认识到自己的体育需要,并不一定能够把现实的体育需要与长远的体育需要、个人的体育需要与国家和社会的体育需要统一起来。

学生的体育需要主要反映在对学习与锻炼内容的选择上。大多数学生对体育学习与锻炼内容的选择,主要是从个人的兴趣出发,一般都愿意选择一些好玩的、轻松的体育内容,而对一些比较单调的、需要付出一定意志努力才能完成,但对促进身心发展与达到课程目标特别有效的内容,如田径、体操等,大多不喜欢。所以不能片面强调学生的个体需要而忽视国家和社会的体育要求。因此,必须站在育人的高度,通过科学合理的体育课程教学目标,加强对学生正确的体育学习动机的培养与体育价值观的教育,同时积极努力地改革教学方法,以此激发学生体育学习与锻炼的兴趣。这是高职体育课程教学目标的核心和体育教学的职责所在。

（二）强调学生快乐情感的体验

新的课程理念强调,要使每一个学生都能体验到学习和成功的乐趣,要十分关注学生的运动兴趣。只有激发和保持学生的运动兴趣,才能使学生自觉、积极地进行体育锻炼,这是实现体育课程目标和价值的有效保证。但是绝不能片面地理解体育课就是要让学生玩、要让学生乐,只要学生玩

得痛快、乐得开心的课就是好课，因为这完全背离了体育课的课程理念，忽视了对学生刻苦锻炼精神的培养。

在高职体育课程教学中，让学生体验学习与锻炼的成绩与快乐是主要的、基本的，但这仅是高职体育课程教学的一部分。即便仅是从丰富学生的情感而言，只有快乐的情感体验也是不够的。其实，在高职体育教育中快乐与艰辛、主动与被动、领先与落后、优势与劣势、成功与失败总是相辅相成的，绝对的快乐是不存在的。教学目标应充分体现体育教育这一特有的内涵。

（三）强调体育能力的培养

在过去的体育课程教学中，一般都比较重视学生运动技能的传习，对学生体育能力的培养重视不够。素质教育和现代教育思想要求教会学生学会学习和学会健体。因而，在体育课程改革强调要为学生奠定终身体育的基础，要重视培养学生独立从事科学锻炼身体的能力。但是，课程教学目标一定要避免把学习运动技能与培养学生体育能力割裂开来或对立起来，主要应避免以下三点倾向。①过分强调要加强体育与健康理论知识的教学，倾向"体育教学要向健康教育转变"的观念是片面的。②为了培养学生的独立锻炼的能力，在体育教学中片面强调让学生"自定目标，自选内容，自主锻炼"，对运动技能教学没有基本的要求和标准，实质上是放任自流的做法。③目前出现在体育教学改革中要实现的三个转变，一是要由"重视学会"转变为"重视会学"；二是由重视运动技能学习转变为重视体育能力的培养；三是由"技能掌握"转变为"重视情感体验"，体育教学中学生是否掌握体育知识、技能并不是主要的，体验学习过程是我们所要追求的一种结果。

毫无疑问，培养学生的体育能力是十分重要的，但体育能力绝非空中楼阁，必须要以运动技能为基础，离开了运动技能的学习，体育能力的培养就成了无源之水、无本之木。一个不掌握任何运动技能的人，不会有什么体育能力。因为一个任何运动技能都不掌握的人，根本就不知道自己该练什么，更不知道该怎么练。正因为如此，《全民健身计划纲要》就提出："要对学生进行终身体育的教育，培养学生体育锻炼的意识、技能与习惯。"

①《体育与健康课程标准》也强调了体育知识课程学习的主要内容。离开了运动技能学习，体育能力的培养就成了一句空话。在高职体育课程教学目标中，更不能把能力培养空洞化、简单化、庸俗化。

（四）强调对体育学习过程的评价

传统的体育学习评价，主要以学生的学习结果为依据，忽视对学生学习过程的评价，不利于激发学生学习的积极性，不利于学生的健康成长。因此，新的课程评价力求突破注重终结评价而忽视过程评价的状态，强化评价的激励、发展功能，主张既评价最终成绩，又评价学习过程和进步幅度。然而，我们的课程教学目标一定要避免从一个极端走向另一个极端，学生学会什么并不重要，重要的是"会学"。学习具有极强的导向性，不重视学习结果的评价，会把体育课程教学引向何方？会对学生的体育学习产生什么样的影响？激励的作用何在？这就是高职体育课程教学目标要解决好的问题。

（五）强调学生的个体差异

传统的教育思想是以教师为中心、以教材为中心，忽视了学生的个体差异，用同一标准、同一内容、同一方法、同一进度来对待千差万别的学生，严重地挫伤了学生的学习积极性。现代教育思想认为，学生是学习和发展的主体，课程教学必须以学生发展为中心。为此，新的课程理念特别强调必须确立学生在课程学习中的主体地位，主要体现在两个方面：一方面是课程教学应当尽量满足学生个体发展的需要；另一方面是课程教学必须关注学生的个体差异，确保每个学生都能受益。

学生的个体差异是学生主体的客观存在。在课程教学中，只有充分关注学生的个体差异，切实加强因材施教、区别对待，才能确保每个学生受益。

体育课程的教学目标既要强调和体现出体育的育人过程，更要强调体育的育人结果。课程教学目标追求的是学校体育与体育课程各项目标的全面达成，为社会培养优秀的人才做出实实在在的贡献。

第二节　高职体育课程设计与教学方法

一、高职体育理论课教学中存在的主要问题

（一）传授的知识繁杂

高职体育理论传授的内容有体育的目的、任务、作用、要求，体育与德育、美育的关系，体育锻炼的知识，以及竞技运动项目技术分析、裁判法等，内容繁多。要在有限的 16 学时内讲完这些知识，教师在讲授时只能蜻蜓点水，不能有效地把学生想了解的知识讲深讲透，导致学生对体育理论课缺乏兴趣。

（二）教学时间安排不合理

没有能力解决在风雨天上实践课的学校，为了避免学时的流失，把理论教学安排在风雨天，从表面上看这样做较为合理，实质上是淡化理论课的具体表现。理论课与风雨天紧密联系在一起，遇到风雨天则上理论课，没有遇风雨天则不上理论课，就会让学生产生理论课可有可无的意识。同时，上理论课的随机性增强，导致教师备课仓促，教学质量受到较大的影响，也导致学生学习动机下降。重要的是如此排课会造成理论与实践严重脱节，违背了理论与实践相结合的原则，不能够达到理论指导实践的效果。

（三）体育理论教师人数少，专业搭配尚不合理

受传统模式的影响，我国体育理论教学方面的教师尤其是高等学历的教师一直不多，且高校相关专业设置也较少。甚至许多学校根本就没有专门从事体育理论教学的老师。在这种情况下，体育理论课教学的重担不得不落在术科任课教师的肩上。

　　然而，古语云"术业有专攻"，作为不是专门从事理论课教学的体育教师，如果硬要他们教授理论课的确有些为难。换句话说，如果让他们讲一些专项的技术，他们大多能讲得头头是道，学生也会听得津津有味，然而让他们走进教室给学生讲授那些连自己尚未进行过系统研究甚至没有搞清楚的诸如生理、概论、心理健康、营养、保健等多学科的理论知识，恐怕就不那么轻松熟练了。就好比让一位化学教师去讲语文课、英语课一样，他能得心应手吗？

　　当然，他们可以利用备课弥补上述缺陷，但在实际讲课过程中，因受其知识面及讲课水平（包括熟练程度）等限制，大多数术科体育教师只能照本宣科、依葫芦画瓢，致使其讲授的体育理论既没有深度亦没有广度，学生当然没有听课的积极性了。

　　（四）教学形式比较单调

　　长期以来，体育教师以上好实践课为本职，大部分时间和精力都用于研究技术与教学方法，很少接受主讲理论课的专业训练，也缺乏理论教学及理论课教学研究经验。在教学形式和手段上，虽有部分高校开始试行主讲教师上大课及任课教师上小课相结合的授课形式，并采用电化教学手段，但大多数高校的教学形式和手段还是与过去传统的一样，比较枯燥、单调，有较大的随意性。

　　（五）考试制度不规范

　　目前，我国普通高职体育理论课的考试方法主要有闭卷、开卷、完成作业和课堂提问四种方法。组织形式有年级统考和任课教师自行组织考查两种形式，考试内容由各校或任课教师自行命题。各校之间甚至同一学校、同一年级的不同班级之间的难度都存在着较大差异，其中难度最小的是课下写总结、心得体会，难度最大的是统一闭卷考试。考试的难度可大可小，考试的方法可严可松，这就可能使一些没有上理论课或不认真听讲的学生比一些课堂上认真听讲和学到一些体育知识的学生的考试成绩高，因此考试成绩与教学质量不大相关。理论课考试制度不规范，不能准确反映学生接受体育理论知识教育的水平，从而造成学生对体育理论课不重视。

（六）教材使用的随意性较大

一方面，学校在选择理论课教材内容时东拼西凑，而且过于主观，总认为所讲内容是学生希望知道的，也是学生应该知道的。他们把那些不系统的卫生、保健、营养等知识全部容纳到"体育基础知识"中，甚至将一些还没有定论和经过条理化的知识一股脑地塞进体育理论教材体系之中。比如，在健康被人们热切关注时，一些杂糅环境学、卫生学、保健学、体育学、医学、营养学甚至基因学"体育与健康"类教材便纷纷登场亮相。事实上，有些内容对于学生来说既抽象单调又枯燥乏味，根本提不起学生的听课兴趣。另一方面，这些内容在体育课程之外还有专门的讲授，因此，体育理论课中再让他们学习这些东西当然就不会有太高的积极性。

因而，不从学生现实、具体的体育实践中去极力寻找科学、合理、系统的教材的支点和契机，不从学生的真正需要出发，而总是希望通过主观的、外部注入的方式，把社会教化的期望和想象全部强加到体育理论课教学中的做法，不仅容易使学生产生逆反心理，而且还会逐渐使学生丧失积极的体育态度和浓厚热情，以至让他们在心理上形成一种对体育教学的厌恶感或惧怕感。

二、我国高职院校加强体育理论教育的具体要求分析

（一）注重理论教学中的间接经验

在学习过程中学生学习的主要是间接经验，这样能够有效避免学生在学习过程中遭遇过多的失败与挫折，在短时间内实现对文化科学基础知识的全面掌握，还能对客观世界继续认识，探索未知领域的新知识。因此在我国高职体育理论教学中想要提高学生的体育能力，需要全面加强学生的间接经验学习，将理论知识与实践技能实现良好结合，按照实际需求安排好实践课程与理论知识学习的比例，从而最大限度实现体育教学的最佳效果。

（二）教师需要结合学生身体差异性展开合理健身活动

展开科学合理的健身活动离不开教师对学生生理以及心理差异的关注。科学的健身活动并不是一项简单的活动，而是拥有众多环节的系统性工程，只有在保证每项环节都相互联系的情况下，整个系统才能顺利开展。学生的心理特征在该阶段已经趋于稳定，因此积极引导学生学习相关的理论知识，可以促使学生掌握一定的体育知识。除此之外，学生在性格及气质等方面也趋于稳定，能够对体育理论知识的重要性及体育课程学习的意义给予正确的认识。

三、加强体育理论教学在高职体育教育中的重要作用

积极加强我国高职体育理论教学至关重要，理论教学在很大程度上能够补充体育教学中学生缺乏理论知识的学习，还能够有效推动体育教师自身专业知识的提升，进而提升教学效果。

（一）理论知识学习能够有效提高体育课程的教学质量

现阶段，高校担心体育课程的开展会对学生的学习成绩有所影响，这主要是由于教师没有真正地从理论上对体育课程的开展起到的积极作用有全面的了解，对体育运动能够增强学生学习灵活性从而提高其思维能力及记忆力没有正确的认识。积极结合体育理论知识进行教学，可以让学生对体育训练的益处有全面的了解，并对学习相关技术动作有促进作用。想要达到较好的教学效果，不仅需要展开身体运动活动，还需要对各项技术运动的特点进行有效的观察与思考，一方面可以增强学生的学习兴趣，另一方面还能有效提高学生的学习成绩。将体育理论教学与实践技能学习相结合，可以建设结构合理的师资队伍，还能推动体育课程教学的进一步改革。

（二）理论知识学习能够增强学生的思想品德素养

在体育教学中加强理论教学，能够有效培养学生的纪律作风及思想品

德。体育教师通过理论教学，能够在课堂中与学生充分接触，在思想感情上与学生达到较为融洽的状态。除此之外，学生在体育课程内展开活动，会将自身的思想与行为全面表现出来，教师利用这个机会对学生的思想意识及行为方式给予合理的表扬或批评，能够有效纠正学生的不良行为习惯。通过理论教学展开思想品德上的教学，教师通过自身的思想意识及行为方式言传身教，对提高学生的体育能力、身体素质、思想意识有很大的帮助。因此积极加强体育理论教学，将其与实践技能教学进行有效融合，是提高体育教学质量与效率的有效途径。

四、强化高职体育理论课教育教学的对策

（一）教学内容的选择要突出全面化、终身化

受当前其他学科快速发展的影响，我国普通高职体育理论教学的形式和内容面临着两种选择：①彻底改变现有的体育教学形式，重新构建统一模式的理论教学内容和体系；②基本上保持现有教学内容和形式的相对稳定，同时进行积极调整和适度的补充，以解决现有理论教学内容与体育教育整体发展不相适应的矛盾。从实际操作的角度来看，我们认为选择后者为宜，即在现有的基础上，各学校根据自己的发展水平，灵活地选择和扩展符合本校和本地区学生实际的教学目标、内容和形式。教学内容的选择既要考虑学生的实际，扩大知识面，注重内容的实用性，加强体育的科学性和多功能效应的教学，进一步提高学生对体育的认识水平，又要强调身体锻炼的原理、原则、方法等，为终身体育奠定基础。运动项目的理论内容以球类和健美运动的训练方法、技战术理论、比赛规则及裁判法为主要内容，适当增加民族传统项目和娱乐项目的基本常识介绍。

（二）教材选择要从实际出发

多数学生体育知识和技能偏低，而他们正处于青春期，思想活跃、思维敏捷、兴趣广泛，对体育的全新认识刚刚开始。因此，在教材的选择上应根据高职院校培养目标的特点以及学生的实际情况，制定出针对性强的

教学大纲或编写适合高职院校实际的配套教材,即体育理论教材的选择应讲究科学性,突出实效性、针对性和时代性,既要考虑现实,又要有终身预见性。

（三）建立一支高水平的师资队伍

《中国教育改革和发展纲要》中明确指出:"振兴民族的希望在教育,振兴教育的希望在教师。建设一支具有良好政治业务素质、结构合理、相对稳定的教师队伍,是教育改革和发展的根本大计。"①要搞好高职体育教学改革,提高体育理论教学的质量,关键在于有一支高水平的师资队伍。因此,高职体育教师应注重自身素质的提高,不断学习,掌握新的知识,提高自身的理论水平,更新教学方法,才能提高教学质量,培养出高素质的学生。

（四）改变体育理论课考试模式

以往体育理论教学局限于体育的目的、任务、保健、测试及评价等内容,因学习范围狭窄,教学目的不够明确,难以起到提高学生素质的作用,大多是死记硬背,很难发挥学生独立思考的能力和创造能力。因此,可以采用课堂主题讨论及布置课后笔记作业的双向渠道,促使学生的学习情况反馈到体育实践中去,以增强学生的认识与感受。另外,试行体育理论课考试以"体育论文"的形式进行,学生通过在图书馆查阅图书、上网,以及报纸、广播等多渠道收集资料,结合自身情况及所学体育知识撰写论文,使"被动学习"变为"主动学习",扩大视野,拓宽知识面。最终让学生对体育课的认识达到融会贯通的程度,逐步使学生具备树立终身体育观所必需的基本品质及基本行为方式。

（五）强化体育教学过程中学生主体意识

体育教学无论如何归结,现实中体育教学的主体地位不清晰时常出现。因此,明确体育教学的受教者与教育者的关系,是体育教学过程中极为必要的一步。对大多数个体来说,体育教学主体不明,具体操作会出现

---

① 中共中央文献研究室. 十四大以来重要文献选编（上）[M]. 人民出版社, 1996: 81.

较大偏颇。学生作为学校的重要组成部分，是学校的立足之本，学生是教学的主体，这是学生学习与社会要求所决定，而不是某个个体提出的，体育教学人员应该认清学生的主体地位，发挥体育教学人员的主导性作用，而不是在教学中全盘直接操作。体育教学人员的"教"替代学生的"学和练"，会使学生失去其主体地位，而附属于体育教学人员的任务框架之下。体育教学的理念是提高学生的身心素质，增强其体育学习兴趣，培养他们的体育学习观念，提高个体的审美情趣，丰富其生活。从这点上来分析，体育教学人员要起到引导和督促的作用，体育课的核心点在学生的学习上，而不是体育教学人员任务的完成。通过渐次增进的方式进行体育教学，教师则有时间、有条件对学生给予关注与帮助，从而达到学生与教师价值实现的双赢局面，而不是教师一味盲目地教授，而学生在两年或三年的高职体育学习过程中几乎无所收获，离开学校后对体育与健康的认知只存在着片段的测试性记忆。

（六）体育教学科学化程度应落实到微观体育教学过程中

体育教学的科学化程度不应以口号式的方式进行宣传，而应该落实到每个承担体育教学人员的实际微观体育教学中。教师通过简单的心率指标进行身体运动强度、学生心脏机能的测定，通过博能（polar）表的使用对个体进行运动中心脏能力的测定，通过乳酸阈测定与最大摄氧量的结合对学生有氧工作能力进行测定，衡量学生体质的健康程度。在教学的过程中，教师利用姿势反射，对状态反射、翻正反射、直线加速反射与旋转反射进行一系列的讲解，以提高学生对运动能力的学习与分析；通过对运动技能学习阶段的讲解，让学生了解运动泛化阶段、分化阶段、自动化阶段的具体表现，进一步调整个体运动技能的学习时机，这样有助于更好地进行体育教学。

体育理论课教学是当前体育教学中的薄弱环节，体育教师应重视理论课教学，不断改进和创新教学方法，以生动、具体、形象的语言和广博的知识，揭示大自然和人类社会体育运动的规律，激发学生对体育理论课学习的兴趣，这样才会使体育理论课教学达到应有的效果。

五、体育教学方法的层次与分类

在体育教学活动中，明确了体育教学目标，确定了课程内容，掌握了教学原则之后，如何恰当地运用体育教学方法，就成了突出的重要问题。学习和掌握体育教学方法，对于提高教学质量，更好地完成体育教学任务具有重要的意义。

所谓方法，是指任何一个领域中为完成任务所采用的行为方式，也指研究和认识的途径。在哲学上，方法的定义是根据研究对象的运动规律从实践上和理论上展示现实的一种形式。因此，教学方法是师生为实现教学目标和完成教学任务在共同活动中所采用的行为或操作体系。其中既包括师生在教学活动中的外显动作，也包含如动机、情感、意志等内隐行为。在教学方法中教师和学生的行为之间存在着一种有机的密切联系，教师的教授行为在一定程度上制约或控制着学生的学习行为。

体育教学方法是指在体育教学过程中，教师和学生为达到预定的教学目标、完成教学任务而采取的有效活动的行为方式的总称。此定义突出了教学方法的目标性，即有效地实现体育教学目标；指出了教学方法实施主体的双边性，既包括师生双边，也指明了体育教学方法的行为性即行为方式。

（一）体育教学方法的层次

体育教学方法的层次及体系从总体上来说，越来越注重指导思想的作用，把教学策略作为体育教学方法实施的先导，把理念融入方法之中，在实施的过程中，又必须通过具体的技术和手段来实现，这样的层次基本有三个（指导思想层、方法层、技术手段层）。就像体育教学方法的概念分类一样，各个学者出发点不同，对体育教学方法的层次的理解和认识也不尽相同。我们认为将体育教学方法分为教学策略、教学技术和教学手段三个层次，更易于理解。

1. 教学策略

教学策略是指教师运用多种手法和手段的组合进行教学的行为方式。这是教学方法的上位层次，可以说是广义的体育教学方法，也可以称为教学方式或教学模式。教学策略主要体现在对单元和课程的设计上。如发现式教学法就是由多种教学方法组合起来的，其中包括提问法、讨论法、归纳总结法等多种教学方法，也包括模型演示、实地测量等多种教学手段。

2. 教学技术

教学技术是指教师运用一种主要的手法进行教学的行为方式。这是教学方法的中位层次，即我们通常所指的教学方法，如讲解法、示范法、分解法等。这个层次的教学方法主要体现在课程中的某一个教学步骤上。

3. 教学手段

教学手段是指教师运用一种主要的手段进行教学的行为方式，是教学方法的下位层次，也称为教学工具，是传统教学方法的组成部分，如图片展示、多媒体运用、模型展示等。这个层次的教学方法主要体现更为具体的教学环节上，即某一个教学步骤中。

那么教学方法与教学行为之间有何关系呢？从理论上讲，体育教学方法和体育教学行为应该有区别，否则就不必有体育教学方法的概念。教学行为只是教师在教学中的行动特征，而教学方法则是教师的某种教学技术，如"讲解"是教学中教师的行动特征，而"讲解法"则是教师所采用的技术。

当我们笼统地讲到体育教学方法时，很难确定它究竟指的是什么。有时是指教师教会学生的方略（如发现式教学法），有时是指教师在教学中使用的手法（如提问法、口令法、限制法），有时是指教师在教学中使用的技术手段（如录像演示法）等。当前，对体育教学方法含义的理解产生多样性和混乱的一个原因就是教学方法的空间和界限定位不明。其实，教学方法是在长期的教学实践中归纳和总结出来的有规律可循的教学技法，而教学行为则是教师个体的偶然和随意的行为；教学方法由有目的、有意识的教学行为组成，所有教学方法都由教学行为组成，但不是所有教学行为都是教学方法。

（二）体育教学方法的分类

目前对体育教学模式的分类还处在研究阶段，因此我们只对教学方法和教学手段的分类进行阐述。

1. 体育教学方法的分类

狭义的体育教学方法（技术）是广义体育教学方法中核心的部分，也是体育教学方法分类问题中最重要的部分。经过对各种体育教学方法分类进行对比和分析后，我们按照体育教学方法的外部形态（信息传递途径）及此种形态下的学生认识活动对体育教学方法进行分类，因为媒体和信息途径本身就是教学方法的重要构成因素。运动技能学习比知识学习要借用更多的媒体和信息途径，这种分类比较符合体育教学的实际。

这种分类方法便于把各种体育教学方法进行充分整理，能够把常用的一些教学方法包括在内，有利于广大教师选择和运用。这种分类方法既注意了教学方法的外部特征，又注意了学生学习活动的内部过程。一般来说，教学方法都是按教学活动的外部形态区分并命名的，这种形态体现了一种教学活动，具有独特的教学功能；同时，它也反映了学生认识活动的特点。对信息传递途径的分析有利于揭示教和学之间的联系。教师只有通过教学方法的外部表现才能控制学生的学习活动。也就是说，师生之间的相互制约活动，在很大程度上取决于所选择的教学方法的外部表现形式。所以，按照教学方法的外部形态和这种形态下学生认识活动的特点进行分类，有利于实现教与学的相互作用和统一，也有利于教师主导作用的发挥和学生学习积极性的调动。

2. 体育教学手段的分类

对体育教学手段的分类应根据辅助学生进行运动学习的功用来进行。体育教学手段可分成帮助学生进行认知的教学手段，帮助学生加强本体感受的教学手段，以及帮助学生进行思考和交流的教学手段等三大类。对体育教学手段分类，是为了帮助我们更好地领会各种教学手段的特征和目的，帮助教师们更好地了解各种教学手段的用法。当然这种分类也是相对的，而综合运用是绝对的。

第三节　高职体育教学与课程实施中的问题与对策

体育教学课程实施是高职体育教学的重要环节,也是实现高职教育目标的重要保障。近几年来,随着高职教育改革的不断深化,高职体育教学与课程实施中出现了许多新问题新情况。为了促进高职体育教学与课程实施质量的提高,我们应深入调查分析目前高职体育教学与课程实施中存在的问题,针对这些问题提出相应的解决对策,以保证高职体育教学与课程实施的质量。

当前,随着社会经济的发展和人才需求结构的变化,对职业教育提出了新要求。随着课程改革的不断深入,新课标要求更加明确、具体。作为学校体育工作主体之一的高职院校必须适应社会发展和人才需求变化的需要,进一步深化高职院校体育教学与课程实施的改革。

一、体育教学观念陈旧,课程目标定位不准确

目前,我国高职院校的体育教学观念陈旧,对高职教育的重要性认识不足,对学生职业素质发展的要求不够明确,促进学生养成终身体育观念的意识还很薄弱,这主要体现在体育教学目标定位不准确、课程目标与社会需求脱节、课程结构不合理、教学内容陈旧等方面。体育教育的目标是培养学生体育意识,养成锻炼习惯,促进其终身体育意识的形成。但目前大部分高职院校对此重视不够,还没有形成一个科学的体育教育目标体系。高职体育课程目标定位不准确,没有以"健康第一"为指导思想,没有充分考虑学生职业素质发展和终身体育的需要。

针对这些问题,高职院校应根据职业人才培养目标和学生职业素质发展需要,重新确定高职院校的体育教学目标。同时要改变传统观念,充分考虑学生兴趣爱好和个性差异,并依据学生运动兴趣、运动能力等情况科学设置课程,以满足学生不同个性和特长发展的需求。

（一）要强化高职学生职业素质的培养

高职体育课程定位为促进学生职业素质发展，是高职体育课程的基本要求，也是实现高职体育教学的根本目的。因此，在对高职体育教学目标进行定位时，不能只注重学生身体健康水平的提高，还要充分考虑高职学生职业素质发展的需要。体育教学目标应该是让学生获得和养成一定的职业素质，在日常生活、学习、工作中能利用所学知识和技能解决各种问题，实现自我价值。根据这一要求，高职体育教学目标应以学生职业素质发展为重点，这是因为体育教育的目的是促进学生身心全面和谐发展，体育教育过程是以学生身体活动为主要方式，在这一过程中学生既能增进身体健康，又能促进心理健康。高职院校的培养目标具有多样性、层次性和综合性等特点。因此，高职体育教学目标不能完全停留在提高学生身心健康水平上，还要注重培养学生的职业素质和职业能力。

根据"健康第一"的指导思想和"终身体育"的原则，高职体育教学目标必须适应社会对人才培养的需求。根据学生身体、心理和社会发展的需要来确定教学目标。从体育教学目标来看，要注重对学生身体素质和职业素质发展的培养；从教学内容来看，要注重对学生职业技能、职业能力和综合职业能力等方面的培养；从教学方法来看，要注重对学生创新精神、实践能力、团队协作能力、交流表达能力等方面的培养。总之，高职院校应根据自身实际情况制定科学合理且有针对性、能满足职业人才培养需要的体育教学目标。

（二）要体现高职教育特色，突出职业特色

高职体育课程应充分体现职业教育的特色，以培养学生的职业素质为中心，把增强体质，培养健康的心理和良好的意志品质，塑造成熟人格，提高综合素质作为高职体育课程的重要目标，而不是仅仅满足"健康第一"这一口号。同时，高职体育课程应突出职业教育的特色，要将职业技能教育融入体育课程中，通过体育课程教学提高学生的职业能力和素质，为培养适应社会需求的技术应用型人才服务。

高职体育课程内容应突出高职教育的特点，以职业能力培养为核心，以学生健康为中心，以增强学生体质、塑造成熟人格、提高综合素质为目的，具体表现在以下三方面。

（1）高职体育课程应充分体现职业特点，以培养学生的职业能力为核心。如在篮球教学中，不能只注重技能训练，要通过篮球技术教学，使学生掌握篮球运动基本技能和方法，以及运用基本技术进行战术配合的能力。

（2）高职体育课程应突出高职教育特色。高职教育是以就业为导向的教育，高职体育课程的设置应更注重职业素质的培养和终身体育意识的形成。因此在内容上要突出高职教育特色，如在球类教学中增加篮球项目训练，在体操教学中增加健美操项目训练，在武术教学中增加武术套路项目训练等。

（3）高职体育课程内容要符合学生兴趣爱好和个性差异，根据学生运动兴趣、运动能力等情况科学地设置课程。

（三）要更新体育教学内容，重视学生体育技能的培养

传统的高职体育教学内容偏重竞技性，忽视了对学生体育技能的培养。进入 21 世纪，在《全国普通高等学校体育课程教学指导纲要》指导下，全国各地高职院校的体育课程改革不断深入，以"健康第一"为指导思想，注重学生运动兴趣、运动能力和身体素质的培养。但从总体上看，目前的体育教学内容和教学方法仍然没有摆脱"以竞技为中心"的传统模式，而忽视对学生体育技能、习惯和兴趣的培养。高职体育教学内容应以运动技术为主，兼顾体育健康知识教育。在教材编写方面，应改变过去以教师为中心的思想，把学生作为学习主体，充分发挥学生的主动性和创造性。同时，高职体育教师要树立终身体育的观念，不断提高自身素质，更新知识结构。高职院校要利用先进的教学手段和方法改进传统的教学模式，注重培养学生运动兴趣、运动习惯和身体素质。

二、教学内容结构不合理，教学模式单一

受传统教学思想的影响，目前我国高职院校的体育教学内容仍然以提

升身体素质、运动技能等为主，而且还存在着"以竞技为中心"的思想误区。在课程内容设置上，以单一项目为主，且多为单一技术的专项训练，在一定程度上忽视了学生个性发展的需求。另外，我国高职院校体育教学模式还存在教师主导和学生主体地位不突出的现象。大多数高职院校体育教学仍然以传统的"课堂讲授"为主要形式，体育教师没有把学生作为教学活动的主体，而是把他们当作知识传播和技能传授的对象。这种教学模式没有充分发挥学生在学习过程中的主动性和积极性，学生很少有机会参与到课堂中来，丧失了对体育项目学习的兴趣和热情。

为了解决这些问题，我们应该针对高职体育教学现状进行深入研究，转变教学理念，改革课程设置，完善课程内容，创新教学模式。通过改革教学方法，改进评价方式；完善体育设施设备建设，优化体育课程资源；加强教师队伍建设，提高教师的业务水平和综合素质等措施推进高职院校体育教学与课程实施改革。

（一）更新观念，明确体育课程目标

体育课程的目标是培养学生终身体育的能力，让他们在运动实践中获得身心健康的发展。这不仅要求学生具备一定的身体素质，还要求他们具有良好的心理素质和社会适应能力。为了实现这一目标，我们要树立"以人为本""健康第一"的新理念，注重对学生个性发展的培养，通过多种形式激发学生参与体育活动的兴趣和热情。同时，我们还应该结合高职院校实际情况，科学合理地确定体育课程目标。在课程设置上要突出职业性和实用性，既要满足学生从事生产、建设、服务等工作所需的身体素质要求，又要满足他们今后走向社会从事不同工作对身体素质的要求。在课程内容上要强调职业性、实用性和针对性，让学生既能掌握基础的体育知识和运动技能，又能具备适应社会生活和劳动需要的身体素质和技能。在课程评价上要采用多元化评价方式，既要重视对学生学习过程中知识、技能掌握情况的评价，又要重视对学生运动实践能力、创新精神和适应能力等方面的评价。同时还要注意根据高职院校的办学特色，开设一些特色课程，如体育表演、体育舞蹈、休闲体育等，满足不同学生的学习需求。通过明确体育课程目标，充分体现出高职院校体育教学的职业性和实用性特点。

（二）合理设置课程结构，增加选修课

受传统教学观念和方法的影响，很多高职院校的体育教学仍然以专项技术教授为主，忽视了学生的个体差异和个性需求，没有充分发挥学生在体育学习过程中的主体性地位。因此，高职院校要合理设置课程结构，增加选修课，满足学生个性化发展的需求。

首先，学校可以根据实际情况和教学要求，对各专业和各年级学生的体育技能掌握程度、运动兴趣、运动能力等进行调查和分析，合理设置课程结构。比如，体育教育专业可以将排球、篮球、足球等项目作为选修课开设；体育与健康专业可以将排球、网球、乒乓球等项目作为选修课开设；公共体育专业可以将健美操、舞蹈等作为选修课开设。这样既能满足学生的个性需求，也能充分发挥学生在体育学习过程中的主体地位。

其次，学校要根据不同专业和不同年级学生的实际情况进行教学安排，提供更多可供选择的课程。比如，对于一些身体素质好、运动能力强的学生来说，可以增加一些对抗性强、技战术性强的课程；对于身体素质较差、运动能力较弱的学生说，可以增加一些一般性的课程。通过开设不同种类和不同形式的选修课来满足学生的不同需求。

最后，学校应该根据学生个体差异和不同需求，合理设置课程内容和教学模式。

（三）创新教学模式，加强学生主体地位

传统的体育教学模式以"教师讲授"为主，学生参与课堂的机会很少，很少发挥自己的主观能动性。这使得学生在学习过程中往往是被动的，缺乏主动性和积极性，不利于学生综合素质和能力的提高。为了改变这种状况，高职院校体育教学模式应该由传统的"教师讲授"模式向"教师主导，学生主体"模式转变。高职体育教学模式的转变是对传统教学模式的一种突破，要求我们必须要解放思想、更新观念，改变教学方法和组织形式。在高职体育教学中，我们应该充分尊重学生的主体地位，发挥学生在学习过程中的主动性和积极性。这就要求教师要改变传统"满堂灌"的授课方式，把学生当作课堂的主体。从课堂开始到结束，都围绕学生进行组织和安排，让他们在课堂上主动参与到学习活动中来。另外，我们还应该把体育教学与计算机信息技术、网络技术相结合，利用多媒体技术将体育课上的内容制作成课件，供学生学习和使用，通过这些措施来提高体育教学效果。

（四）加强学生课外体育锻炼指导，提高学生体质健康水平

课外体育锻炼是高职院校体育教学的重要组成部分，也是体育教学的重要延伸。学生在课外进行体育锻炼时，教师应该积极引导他们，鼓励他们选择适合自己的项目进行锻炼，以达到增强体质、增进健康的目的。同时，学校应该不断加强对学生参加课外体育锻炼的指导工作，为学生创造良好的课外体育锻炼环境，激发学生参加课外体育锻炼的兴趣。另外，学校还可以组织一些娱乐性、趣味性强，知识性、趣味性高的竞赛活动或表演活动，如"校园趣味运动会""班级健身比赛"等，让学生在愉悦、轻松、有趣的氛围中进行体育运动，以此激发学生参与体育运动的积极性。同时，学校应该不断丰富校园体育文化生活，组织各种丰富多彩的体育活动，为学生提供展现自我、表现自我的舞台，充分调动他们参与体育活动的积极性和主动性。

三、体育教师的综合素质有待提高

从总体上看，体育教师的教学态度、知识结构、科研能力等方面都存在较大的问题，体育教师队伍整体素质有待提高。在知识结构方面，大部分体育教师还只是以专业课程的学习为主，对专业课程之外的通识课程学习不够，对其他学科知识缺乏了解，知识面较窄。在科研能力方面，部分体育教师缺乏科研意识、主动性，在教学中往往只是按教材去教学生，自己不进行科研探索。在教学能力方面，体育教师普遍认为自己的教学水平还不够高，缺乏对学生进行有针对性的指导训练。

学校体育教师的专业化程度对高职体育课程的实施有着直接影响，但是，当前高职院校体育教师专业化水平普遍较低。影响高职院校体育教师专业化水平的主要因素有：第一，教学理论知识薄弱，不能系统地掌握现

代教育理论；第二，教学能力不强，教学方法落后，教学手段陈旧；第三，对体育课程缺乏认识和理解，对课程实施缺乏信心；第四，心理素质较差，不能积极面对和适应课程改革的挑战。为此，高职院校应采取措施提高体育教师的专业素养。首先，高职院校应该加大对教师教育的投入力度；其次，开展各种形式的教师培训活动；再次，应加强对体育教师的激励机制；最后，要重视体育教师的继续教育工作。总之，高职院校要促进教师的专业成长，关键是要让体育教师得到全面发展。

为了提高高职体育教学质量，必须加强体育教师队伍建设，优化教师队伍结构，提高体育教师的业务水平和综合素质。首先，应大力引进高层次人才。高职院校应根据学校实际情况，制定具体的引进政策，鼓励各方面的优秀人才到学校任教，特别是那些有丰富教学经验，在学科领域中有突出贡献的教授和专家。其次，加强对现有教师的培养力度。先要加强对现有教师的培训力度，让他们尽快适应新时代的教学要求；同时也要注重对现有教师的培养和锻炼，让他们更好地适应新形势下体育教学工作的需要。学校要采取各种措施，积极创造条件，让青年教师参加各种培训和进修活动，促使他们不断提高自己的业务水平和综合素质。体育教学是一项实践性很强的工作，对教师具有很高的要求，所以学校要高度重视体育教师队伍的建设，为体育教师创造良好的工作环境和发展机会，让他们能够全身心地投入到教学活动中。

高职体育教师队伍建设是一项复杂的系统工程，需要学校、社会、体育教育主管部门等各方面共同努力。首先，学校应加大对体育教师的培训力度，提高他们的理论水平和教学能力。其次，学校应加强与社会相关单位的合作，开展多种形式的教学和科研活动。最后，体育教育主管部门要重视对高职院校体育教师队伍建设的指导和管理工作，体育教育主管部门要引导广大体育教师认真学习并贯彻执行《学校体育工作条例》《全民健身计划纲要》等相关政策法规。只有这样，才能促使高职院校体育教师队伍素质不断提高和完善，为提高高职院校学生体质健康水平和全面推进素质教育提供有力保障。

四、体育课程评价体系有待完善

在高职院校的体育教学中，身体素质、运动技能等是考核学生的主要标准。而在实际教学中，对学生身体素质的评价主要通过书面测试、体能测试等方式来完成。这种评价方式具有一定的局限性，不能全面、准确地反映学生在体育课学习过程中的实际表现。为了改变这种状况，我们应该建立多元化的体育教学评价体系，不仅要对学生身体素质进行评价，而且还要对学生的思想品德、学习能力、体育意识、体育运动参与情况等方面进行全面考核。高职体育教学评价体系应该包括学生运动参与情况、技术掌握情况、身体素质状况、运动技能水平等方面，考核内容应包括基础知识、基本技能和基本思想方法等。这样不仅可以全面了解学生身体素质的真实情况，而且还能及时发现并纠正学生学习中存在的问题，从而提高他们对体育课程学习的兴趣。另外，在实际教学过程中还应尽量避免一些烦琐复杂的测试方式，要以学生实际能力为标准进行体育教学评价。多元化评价体系的建立，能够更好地促进高职院校体育教学的改革和发展。

高职院校体育课程评价体系是一个二元结构，即包括教学评价和教学改革评价。然而，当前高职院校体育课程评价体系却存在着许多问题，主要表现在以下五个方面：一是评价主体单一，主要是以教师为主导，学生、家长和学校领导参与不够；二是评价内容简单，缺乏全面性；三是评价标准不科学、不合理，只重视对学生身体素质的考核，忽视对学生学习能力的考核；四是考核方式和内容单一，不能真实地反映学生的学习效果；五是评价主体的参与度不够。高职体育课程评价体系的改革应注重学生全面发展，提高学生综合素质和创新能力。高职体育课程评价体系的改革要充分体现"以人为本"的理念，全面考虑学生的身体素质、心理素质、道德品质等多方面因素，积极探索符合高职教育特点的体育课程评价体系，促进学生全面发展。

五、教学质量监控有待强化

教学质量监控是学校教学管理工作的重要内容,也是保证教学质量的重要手段。目前,体育教学质量监控存在一些问题,主要表现在以下三个方面:一是学校层面缺乏对体育教学工作的全程监控,忽视了体育课堂教学的管理,对学生的体质健康水平、教学质量等方面不能进行有效监控;二是部分高职院校管理者缺乏对体育课程质量监控的认识,没有意识到体育课程质量监控是保证课程实施效果的重要手段;三是部分体育教师缺乏对体育课程教学质量监控重要性的认识,在教学实践中不重视体育课程的质量监控。因此,要实现高职院校体育教学质量的不断提升,必须加强对体育教学的管理,强化对教师的监控,建立健全高职院校体育课程质量监控体系。为此,应从以下五个方面入手:一是加强高职院校体育课师资队伍建设;二是加强高职院校体育课教材建设;三是加强高职院校体育课过程性评价与考核;四是加强高职院校体育课考试与测评工作;五是建立健全高职院校体育课质量监控与评价体系。

六、场地设施不足

体育设施设备是开展体育教学的物质基础,没有完善的体育设施设备,体育教学就会缺少条件,难以开展。为了改变这一现象,高职院校必须加大投入力度,完善体育设施设备建设,改善高职院校的硬件条件。高职院校应该重视基础设施建设,努力改善体育场地、增加器材设施,以满足学生开展体育活动的需要。首先,要加大对高职院校运动场馆设施建设的投入力度。目前我国高职院校在运动场馆建设方面还存在着严重不足。因此,高职院校应该积极向上级部门申请资金支持和政策倾斜。其次,要完善体育教学器材设施。除了满足基本的运动需求外,还应该加大投入力度,购置一些新型器材设备,如高科技运动器材、电子信息设备、智能健身器材等,以提高学生锻炼的兴趣和效果。

高职院校体育教学与课程实施的场地、器材、经费等,都是影响体育教学与课程实施的重要因素。缺少这些条件，将直接影响高职院校体育教学与课程实施的正常开展。尽管各级政府高度重视高职院校体育场地、器材等硬件设施建设，但是受多种因素的影响，目前高职院校体育场地、器材建设状况不容乐观，主要表现在：一是场地设施老化严重，部分学校未按照教育部和学校有关规定及时更新体育场地设施；二是投入不足，教学训练场馆等硬件建设不能满足学校教学需要；三是管理不善，对学校体育工作重视程度不够，对学校体育经费投入的不足，制约了体育场地设施的建设和管理；四是缺乏专项经费。针对高职院校体育场地、器材缺乏的现状，我们应采取相应的解决措施：一是加大对高职院校的资金投入；二是加大对高职院校的经费投入；三是制定相关政策，鼓励企业、个人和社会力量向高职院校提供资金支持和捐助；四是建立有效的监督机制和奖惩机制。

综上所述，我国高职院校在体育教学与课程实施方面存在着一系列问题和不足之处，导致学生的体育锻炼积极性不高、学生的身体素质下降等后果。为了解决这些问题和不足，我们应该根据《全国普通高等学校体育课程教学指导纲要》中提出的课程目标、课程内容、教学方法和评价方式等方面的要求，构建高职院校体育教学模式。在具体实践中可以采用选项教学、分班教学等教学模式，满足学生多样化的需求；也可以采用模块教学、运动技能训练等方式，满足学生对体育项目学习的兴趣需求。

总之，高职院校体育教学与课程实施中存在着很多问题，这就要求我们从多方面入手来解决这些问题。只有通过不断地完善相关措施和方法，才能使高职体育教学与课程设置得到有效的改善。只有这样，我们才能培养出更多、更好的符合社会需要的高素质人才，为国家建设做出应有的贡献。

第三章　高职体育教师队伍建设与专业发展

　　高职体育教师队伍建设与专业发展是高职体育教育事业中的重要议题。本章探讨高职体育教师的职责、素质、能力和专业发展，并提出相应的解决策略。

　　首先，本章分析高职体育教师的职责与角色。高职体育教师在教学中扮演着重要的角色，他们不仅需要传授学生专业知识和技能，还要引导学生树立正确的体育观念和价值观。此外，体育教师还需要参与学校体育活动的组织和管理，在学校管理中发挥积极作用，促进学生全面发展。因此，高职体育教师的职责不仅仅是教学，还包括学生培养、课程设计、学校管理等多个方面。

　　其次，本章探讨体育教师的素质与能力培养。为了适应不断变化发展的教育需求和挑战，体育教师需要不断提升自身的专业知识水平和教学技能。除此之外，他们还需要具备良好的沟通能力、团队合作能力等软实力，以更好地与学生和同事合作。因此，体育教师的素质与能力培养是高职体育教育事业中至关重要的一环。

　　最后，本章对高职体育专业的专业发展途径及策略进行研究。为了促进高职体育教育事业的健康发展，提升教师队伍的整体素质，高职院校可以采取优化课程设置、创新教学方法、加强教师培训等措施。此外，还可以加强行业内的合作交流，开展实践教学，提升教师的实践能力和行业认知，进一步提高高职体育教师队伍的整体水平。

第一节　高职体育教师的职责与角色

体育教育是对学生进行身体和心理素质的培养，通过体育教育，让学生掌握基本的体育运动技能和运动常识，养成终身体育锻炼的习惯。体育教育不仅是学生健康成长的重要保证，而且对于学生综合素质的提高和终身体育意识的形成也有着重要的作用。体育教学不仅要培养学生对体育运动项目的兴趣，而且要在体育教学过程中激发学生对体育运动项目产生兴趣。为此，体育教师应该担负起自己相应的职责和使命。

一、教师应提高自身的素质和修养

教师的教学能力、教学态度和教学方法对学生学习效果的影响很大。体育教师应不断提高自身的业务能力和自身的综合素质，这样才能更好地适应社会发展对教师素质的要求。体育教师的职业特点决定了体育教师必须要有良好的品德修养和高尚情操，坚持以人为本，尊重学生，爱护学生，为人师表，教书育人，言传身教。首先，要有良好的品德修养和高尚情操，热爱学生，热爱教育事业，具有崇高的职业道德。其次，要有渊博的知识和科学文化素养。在教学过程中教师不仅要有一定的教学经验和教学方法，更重要的是要有丰富的专业知识、扎实的理论基础和较强的业务能力。因此，教师应不断学习，提高自己各方面的知识和业务水平。再次，要有良好的组织能力。良好的组织能力是指对自己教学活动所要达到的目的、完成的任务能够做出准确而恰当的判断、规划、组织与协调。教师在课堂教学过程中应充分发挥自己在课堂教学中组织和引导学生学习和掌握运动技术技能等方面所起的作用，同时还要具备较强的语言表达能力和交际能力，在教学过程中教师应运用丰富而准确、生动而形象、简洁而易懂、富于变化的语言来表达自己对所教内容和教学目标的理解。另外，教师还要具备较强的组织能力，让课堂教学井然有序、生动活泼。

　　教师还应该具有较强的心理素质。教师不仅要有较高的思想觉悟、良好的道德品质和素质，还要具备健康向上的心理品质。尤其是在当前教育形势日趋复杂、竞争日趋激烈、学生思想观念日趋多样化的新形势下，教师更要有坚定、正确的政治方向，健康向上、积极进取、意志坚定的良好心理品质。同时，教师要不断地进行自我反思和自我批评，通过不断学习与实践来提高自己各方面的素质水平。体育教师还要具有较强的业务能力，要对所教学科知识内容有着全面、深刻的理解和认识；要掌握体育教学活动中所涉及的多方面知识，并能在实践中灵活运用。

（一）积极开展第二课堂

　　在高职教育中，学生不仅要学习文化课程，更要学习技能课程，体育技能课是高职教育的重要组成部分。因此，体育教师必须高度重视学生技能训练。学校体育教育在发展，社会对人才的需求也在变化。因此，高职院校的体育教师应在传统课堂教学中合理安排第二课堂教学。作为教师应该充分利用自身的专业特长，积极组织开展形式多样、内容丰富的第二课堂活动，培养学生在体育活动中所产生的兴趣、爱好和习惯，从而达到促进学生身心素质全面发展的目的。同时，还要注意发挥教师在第二课堂活动中所起到的指导作用和组织作用，保证第二课堂活动顺利开展。

　　1. 第二课堂活动内容要多样化

　　第一课堂是学生学习体育课程的基础，第二课堂是学生学习体育课程的延伸，所以要重视第二课堂活动。在实际教学中，有的学校体育教师对第二课堂活动安排不合理，组织形式单一。

　　第二课堂活动内容单调，甚至在活动的形式上也不能做到丰富多彩，这就大大降低了学生对第二课堂的兴趣和热情。因此，作为教师应结合本学科的特点，创造性地开展丰富多样的第二课堂活动，利用现有资源设计出一些具有学科特色的活动项目吸引学生参加。如在学校开展一些球类项目比赛、运动会、健身操比赛、啦啦操比赛等，利用体育教师自身优势组织体育讲座、体育观摩、体育专题报告等活动，利用课余时间组织学生进行一些体育兴趣小组活动等。

2. 第二课堂活动形式要有多样性

第二课堂活动的内容应以第二课堂为主，同时兼顾其他课外体育活动。目前体育教学活动中，课堂教学是主体，第二课堂是辅助。但体育教学的目的在于让学生提高能力、培养兴趣，而不仅是让学生学会技术。所以第二课堂活动要以课内教学为主，以课外活动为辅。同时教师应充分利用体育课外时间，让学生有更多的时间锻炼身体。高职院校的学生在课余时间参加体育锻炼的愿望都比较强烈，教师要抓住这个特点组织丰富多彩的体育活动，为学生提供锻炼身体、强身健体的机会。因此，体育教师除了要认真组织好本学期的体育课外，还要积极开展第二课堂活动，引导学生积极参加各项体育竞赛和活动，在参与中锻炼身体，培养兴趣和爱好。

（二）积极组织并参加学生社团活动

学生社团是由学生自发组织的，以共同兴趣爱好为基础，学生自愿参加，不受性别、年龄、身高、体重的限制，具有明显的自主性和自发性。它是在学校领导和指导下，由学生自己管理并进行自我教育的组织形式。学生社团以丰富多彩的活动吸引学生积极参与，丰富了校园文化生活。学生社团通过各种形式的活动，充分体现学生自我管理、自我教育的作用，使学校的体育教学和课外活动真正做到有组织、有计划、有目的地进行。

体育教师在组织和参加学生社团活动时，一方面要给学生创造一个展示自我能力的平台，让他们在参与活动中不断地体验成功的喜悦；另一方面还要积极引导他们正确地认识自己，分析自己的优势与不足。教师可以根据不同社团对不同层次的学生提出不同的要求，让他们在不同层次上都有机会得到锻炼。对一些身体素质较好和技术技能较高的学生，可适当提出更高的要求；对一些身体素质和技术技能较差或身体素质水平较低的学生，可适当提出可完成的要求，让他们在参与活动中锻炼自己各方面的能力。

教师还要善于发现并积极组织学生参加各种比赛，让他们在比赛中提高自身综合素质水平，让他们在比赛中锻炼意志品质，增强自信心。这样不仅能更好地锻炼他们的身体素质，也能培养他们不怕困难、勇于挑战、勇于竞争、团结协作等优秀品质。同时还可以通过比赛，提高他们之间的交流与沟通能力，培养他们的竞争意识和集体荣誉感。

另外，教师还应积极配合学校各项体育活动和竞赛活动的开展，通过教师与学生之间的交流和沟通培养学生的集体主义精神和协作精神，从而达到既能锻炼身体又丰富校园文化生活的目的。

（三）做好体育课外活动的指导工作

在学生课外体育活动中，体育教师首先应发挥主导作用，对学生进行安全、卫生、文明行为规范等方面的教育，指导学生进行各种体育活动，积极组织开展各项比赛，培养学生参加体育活动的兴趣和积极性。还要指导学生根据学校场地条件和自身爱好，制订好课外体育锻炼的计划，积极开展各种形式的课外体育活动。在开展各项体育活动时，要充分考虑场地、器材的数量和质量，尽量少占用学校的宝贵资源，最大限度地为学校的教学、科研活动等服务。还要指导学生开展各种形式的课余训练和竞赛，组织参加校内外各项比赛和活动，以培养学生团结协作、顽强拼搏、奋勇争先的精神和开拓创新、争创佳绩的意识。

1. 负责对学生进行体育与健康知识的教育

体育与健康知识的教育是提高学生体质和健康水平的基础，是体育教学的重要内容，是提高学生综合素质的基本前提。在教学过程中，体育教师应结合教材内容，采用多种形式向学生讲解体育运动项目的特点、作用、意义和基本技术要领，并结合学生身心发展的实际情况，通过多种教学形式，激发学生学习运动技术的兴趣。教师应明确教学目的与要求，让学生明确体育与健康知识是与体育知识、技能、技巧相关联的。体育与健康知识的讲授必须从实际出发，结合教材内容和学生特点，讲究教学方法，如讲授足球、篮球、排球等球类运动时要介绍基本技术动作要领和基本战术配合，讲授田径的跑、跳、投等项目时要讲解其特点和作用。

2. 负责对学生进行体质测试，做好学生体质健康的统计分析工作

体育教师负责对学生进行常规的健康检查，负责根据《国家学生体质健康标准》对学生进行测试，并及时向主管部门反馈测试结果；根据学生的身体素质，制定出符合学校实际情况的学生体质健康标准，并对学生进行体育教学和体育活动指导，确保每一个学生都能掌握 1～2 项运动技能；负责对全校各年级各班级学生的身体形态、生理机能和运动能力等进行分析、评价，及时向主管部门反馈数据，并根据《国家学生体质健康标准》，结合本校实际情况制定出本校学生体质健康标准实施细则和措施。根据《国家学生体质健康标准》《全民健身计划纲要》的要求和国家关于素质教育的精神，制订本校体育教学大纲和课外体育活动计划，结合本校实际情况，制定出符合学校实际情况的学校体育工作条例。

二、在教学中教师应改变传统的教学观念，树立以人为本的教学观念

传统的体育教学理念强调教师的主导作用，学生大多是被动地接受体育知识，导致学生缺乏学习的兴趣。作为体育教师，我们不能把自己的意志强加于学生，应充分发挥学生的主观能动性，积极引导和鼓励学生主动参与教学活动，积极思考，敢于发表自己的见解。同时，在教学过程中要体现以学生为主体的理念，让学生成为学习活动的主体。教师在教学过程中要把课堂交给学生，让他们自主地学习和探究。教师应尽可能地创设良好的教学环境和条件，激发学生主动学习和探究知识的欲望。这样不但有利于学生更好地掌握所学内容，而且有利于培养他们独立思考、发现问题和解决问题的能力及创造精神，促进他们个性的发展。

（一）树立以人为本的教学理念，加强与学生的沟通

作为体育教师，我们不仅要有过硬的专业技术知识，更要具备与学生沟通的能力。在教学过程中，要充分发挥学生的主体作用，引导他们积极参与体育学习活动，积极思维。同时教师应加强与学生的沟通，了解他们的需求，加强与他们的情感交流，了解学生在体育学习中遇到的

困难，了解学生对体育学习的态度和兴趣。根据学生实际情况，采取不同的教学方法，使学生在轻松愉快、自由愉悦的环境中学习。例如在进行篮球教学时，可以针对学生喜欢篮球运动、喜欢参加体育锻炼等特点，有针对性地组织教学，让学生充分体验到体育活动所带来的快乐和成就感。同时教师也可以通过组织体育活动，培养学生团结协作、顽强拼搏的精神，培养学生的坚强意志品质和顽强拼搏精神。教师要把自己当作"教练"而不是"运动员"。在教学过程中，我们要充分发挥自己的主动性和创造性，通过努力，让学生体验到学习的成功和快乐。

（二）重视学生的心理健康教育，增强学生的心理素质

现代社会对人的心理素质的要求越来越高，所以对大学生的心理健康教育也就显得十分重要。体育教学是一项以身体练习为主的教育活动，是对学生进行心理教育和身体教育的一种有效途径。体育课教学内容丰富，形式多样，能满足学生不同年龄阶段的不同需要。如在教学内容上可结合体育文化和专业特点，以提高学生的兴趣为切入点；在教学方法上可采用灵活多样的手段，如游戏、比赛等；在教学手段上可采用多种方式，如用多种媒体进行教学。体育教师应该了解学生的心理特点和需求，更好地进行心理健康教育。

高职学生具有思想活跃、思维敏捷、求知欲望强烈、接受能力强等特点，在学习中有一定的竞争意识和表现欲。作为体育教师要尊重学生的人格尊严，积极鼓励学生参与课堂活动。对学习成绩差或有明显心理障碍的学生要耐心引导和帮助。在教学中要根据不同学生的年龄特点和个性差异，因材施教，注重差异化教育，让不同性格和不同水平的学生都能得到充分发展。同时，体育教师还要重视培养学生坚强、自信、乐观、开朗、豁达等良好品质。通过体育教学活动可以培养学生良好的道德品质、优良的心理素质和健康的身体素质，从而使高职学生更加健康地成长成才。

（三）建立科学的体育教学评价体系

在体育教学中，学生是学习的主体，而教学评价体系是为学生学习

提供反馈信息，从而使教学过程进一步优化。因此，在体育教学中建立科学的评价体系是非常重要的。教师应运用多种手段、多种方法对学生的学习情况进行评价，以便及时了解学生对体育知识与技能的掌握情况。高职院校应充分利用这些手段和方法来考查学生学习的情况。只有这样才能使教学评价真正体现出促进学生全面发展、促进教师不断提高和发展的功能。

评价体系要有明确的目标和方向。教学评价的内容应是全面的，要着眼于学生未来发展所需要的知识、技能以及能力等方面；评价标准应是多层次、多元化的，要根据不同专业、不同性别、不同年龄学生的实际情况来确定；评价方法应是多样化的，要从学生实际出发，综合运用多种方法进行综合评价。同时，要建立科学的体育教学评价体系，应该让体育教师掌握对体育教学进行科学评价的方法与技巧。只有这样才能不断提高教师自身素质和业务水平，从而在体育教学中充分发挥主观能动性。

(四)加强理论学习，不断提高自身素质

在教育教学实践中，体育教师要不断学习和掌握有关的教育理论，学习先进的教学思想，了解当今世界教育发展的新趋势，不断地更新自己的观念和知识结构，以适应社会发展的需要。体育新课程改革的深入发展，对教师提出了新的要求，体育教师面临着前所未有的挑战。体育教师必须不断提高自己的业务水平和理论水平，只有这样才能适应时代的需求，才能更好地满足学生、社会及体育教育改革发展对教师提出的要求。

总之，高职院校体育教师应充分认识自己在教学中所起的作用、所扮演的角色、所承担的责任和义务，只有这样才能正确处理好教育教学工作与其他工作之间的关系。提高学生身体素质，让学生获得终身体育锻炼的能力和意识是体育教学永恒追求的目标，高职院校体育教育是学校教育工作中一项十分重要的工作，在实施素质教育中具有重要作用。作为一名合格的高职院校体育教师，不仅要有扎实深厚的专业知识和业务能力，而且要有正确的定位和创新意识，正确认识和理解新时期体育教育工作。为此我们必须加强自身学习、不断提高自身素质，主动适应时代发展对体育教学工作提出的新要求，以适应学生和社会对高素质人才的需求。为了更好地完成高职院校体育教学任务，充分发挥高职院校体育教育在培养高素质、高技能人才方面的作用，我们必须不断提高自身素质，不断探索高职院校体育教学规律，改变传统的教学方法和手段，充分发挥学生的主观能动性和积极性，让学生掌握知识技能，养成锻炼习惯，增强体质健康水平，养成良好的行为习惯以及终身体育锻炼的习惯。

三、教师应将课程目标具体化，并确定实施计划

课程的目标是要通过体育教学，培养学生运动的兴趣和习惯，发展学生身体素质和运动能力，增强体质，增进健康，使学生掌握体育与健康的基本知识、基本技能和基本方法，具有较强的体育活动能力和一定的体育素养，为终身锻炼打下基础。在教学过程中，教师要将课程目标具体化，并确定实施计划，在教学过程中要激发学生的学习兴趣，培养学生形成一定的运动技能，把握合理的运动负荷，培养学生健康的体质，增强学生终身锻炼的意识。在教学过程中教师要针对不同阶段的学生进行指导，使不同层次、不同类型的学生都能达到课程目标。另外，教师还要根据不同年龄段学生的生理、心理发展特点进行教育和引导。体育教学是一个不断探索和尝试的过程，教师在教学过程中应充分发挥主观能动性和创造性。体育教师要根据自己的教学经验和专业知识，设计出科学、合理、有效、有针对性的教学方法。只有这样才能有效地提高体育教学质量，培养出综合素质高的人才。总之，高职院校体育教师在教学过程中应将专业理论知识与实践相结合，对高职院校学生进行全面细致的心理与生理教育，促进学生全面发展。因此，高职院校体育教师应转变自身角色定位，成为一名合格的体育教师。

四、要注重学生个性发展，努力营造宽松和谐的课堂气氛

体育学科的特点是体育教学有其独特的课堂气氛。不同的教师有不同的教学风格，有的教师幽默风趣，有的教师严肃认真，不同的教学风格会产生不同的教学效果。体育教师要努力营造宽松和谐的课堂气氛，激发学生学习体育的兴趣，培养学生坚持锻炼身体的习惯，培养学生团结协作和顽强拼搏的精神。体育教师在课堂上要尽可能地营造和谐融洽、轻松愉快、心情舒畅、精神振奋的课堂氛围，在这种气氛中进行教学活动，学生会感到身心愉悦，学习兴趣也会大大提高。因此，体育教师在教学过程中要善于营造宽松和谐的课堂气氛，让学生能够积极主动地参与到教学活动中来。例如，在进行篮球课教学时，可以把篮球比赛作为一个很好的课堂内容，让学生在轻松、愉快的比赛氛围中学习和掌握篮球技术。这样不但可以提高学生参加体育活动的积极性，而且也能培养学生顽强拼搏、团结协作、积极向上等优良品质。

（一）要让学生树立终身体育的意识

体育是人类文明发展的重要标志，是人类生活质量和生活方式的重要体现，是社会进步和个人全面发展的需要，它与人类的生存和发展息息相关。体育锻炼对人体各器官、系统起着调节作用，能有效地促进人生理机能的增强和形态结构的完善，使人保持旺盛的生命力和良好的精神状态。体育锻炼对增强体质、增进身心健康、预防疾病、培养良好习惯有重要作用。体育锻炼可以使人养成锻炼身体的习惯，培养对体育活动的兴趣和爱好，形成健康文明、积极进取的生活态度。因此，在教学过程中教师要根据不同年龄阶段学生的身体、心理特点和健康需要进行教育与指导，培养学生终身体育的意识。同时在教学中要让学生认识到身体是革命的本钱，没有好身体就不能适应社会发展的需求。因此教师要引导学生树立终身体育意识，鼓励他们多参加体育运动，让他们养成终身锻炼的好习惯。

（二）要激发学生的学习兴趣

体育教学是一门实践性很强的学科，与其他学科相比具有自己鲜明的特点。由于体育教学内容的多样性和实践性，教师在教学过程中不可能也没有必要把所有的内容都教给学生，学生也不可能在一节课内掌握所有的运动技能，这就要求体育教师在教学过程中要根据学生实际情况和体育学科的特点，设计科学、合理、实用、趣味浓厚的教学内容。体育教师要根据不同学生的实际情况和兴趣爱好，在教学过程中进行有针对性的、灵活多样的教学，让学生在快乐的氛围中学习体育知识，掌握运动技能。例如，在进行篮球课教学时，可以采用分组竞赛的方法，让学生在比赛中互相学习和交流经验；也可以采用小组比赛或个人比赛等多种形式，让学生在轻松愉快的气氛中学习篮球技术。这样既可以提高学生学习体育知识和运动技能的兴趣，又可以培养学生团结协作、顽强拼搏的精神。在进行田径课教学时，可以采用分组比赛或个人比赛等方式让学生自由选择练习项目。这样既可以调动学生参与体育活动的积极性和主动性，又可以提高学生对体育项目学习的兴趣。

（三）要引导学生自主学习

只有把学生的主体地位落到实处，充分发挥学生的积极性、主动性、创造性，才能真正使体育教学发挥其应有的作用。因此，在体育教学中，教师要引导学生自主学习，让学生积极主动地参与活动，去发现问题、解决问题。在体育教学中，教师应积极鼓励和引导学生进行自主学习，让他们在发现问题、解决问题的过程中获得成功的体验，进而增强自信心。例如，在教授篮球运球时，教师可以先让学生自由练习运球，然后让他们发现并提出运球时所遇到的问题。接着教师提出该如何运球才能避免失误，再接着提出该如何正确投篮，最后提出该如何突破对手等。这样，学生就会通过观察、分析、思考和讨论得出结论，不但使学生对运球有了更深入的认识，而且也会对自己产生更大的信心和勇气，同时也提高了学生独立解决问题的能力。

总之，体育教师是"健康第一"教育思想的实践者，在体育教学中要不断地加强自身修养，提高专业知识水平。通过学习和借鉴先进教育思想、教育理念和教学方法，不断地丰富自己，完善自己。同时也要加强对新课标精神的理解和把握，与时俱进，开拓创新，不断提高自己的业务能力和专业水平。

五、教师应成为学生学习的引导者和组织者

体育教育是一门面向全体学生的以传授知识和技能，培养学生运动能力，增强其体质为主要目标的教育活动。在体育教学中，学生是学习的主体，这就要求体育教师在教学过程中应成为学生学习的引导者和组织者。体育教师应努力改变传统的"一言堂""满堂灌"的教学模式，把学习的主动权交给学生，让学生充分发挥其主观能动性。同时，体育教师要把学习内容与现实生活相联系，引导学生从实际生活中观察、分析、解决问题。在教学过程中要充分调动学生学习的积极性和主动性，让学生主动参与到教学活动中来。

第二节　高职体育教师的素质与能力培养

随着素质教育的深入发展，体育教学作为培养学生身心素质和社会适应能力的重要手段，越来越受到高职院校的重视。高职院校体育教师是实施体育教学的关键环节，其综合素质和能力直接关系到高职体育教育的质量和水平。

一、培养体育教师的职业认同感

体育教师对高职院校的体育教学工作既有积极的作用，也有不适应的一面。因为高职院校体育教师与普通高校体育教师相比，在工作内容、工作性质、教学对象等方面存在着明显差异，从而导致他们在心理上的不适应，这对高职院校体育教师的工作积极性产生了不利的影响。职业认同感是指个体对自己的职业行为、职业生活方式和职业成就的主观感受、主观体验和行为评价。对于从事体育教学工作的高职院校体育教师来说，他们必须具备坚定的教育信念，强烈的责任感和事业心，强烈的事业心才能使他们在自己所从事的工作中充分发挥主观能动性。在长期的教学实践中，高职院校体育教师对自身职业角色、工作职责、社会地位及发展前景等方面形成了深刻的认识和强烈的感受，从而产生对这一职业应有的忠诚和热爱。他们以崇高而富有魅力的人格力量去影响学生，以积极主动而富有创造性的教育方式去影响学生。在社会日益重视教育、重视教师职业价值的今天，高职院校体育教师只有通过自身不断努力，才能真正获得社会、学生和家长对自己工作、劳动成果价值、社会地位和前景等方面所给予的认可和尊重。

高职院校体育教师是一个特殊的群体，他们具有一种特殊素质——教学技能。因此，要提高高职院校体育教师素质与能力，首先必须提高其职业认同感。高职院校体育教师只有把自己所从事的职业当作一种事业来追求，才能真正成为一名优秀人才。他们不仅要有崇高而美好的教育理想，还必须有高尚的道德情操、精湛的专业技术以及良好的心理素质和较强的承受能力，同时还要不断丰富自己的文化知识和专业理论水平，掌握一定数量和质量、适应现代教学发展需求且具有一定水平的教育技术与方法，这些素质与能力对提高高职院校体育教学质量起着至关重要的作用。高职院校体育教师只有具备了较高素质、良好师德修养和崇高职业理想，才能真正做到为人师表、言传身教，在他们所从事的教学工作中发挥示范、引导作用，从而提高高职院校体育教学质量。

因此，高职院校体育教师必须具有坚定而崇高的职业理想和信念、高尚的情怀与情操、扎实而精深的专业知识与技能、宽厚而广泛丰富的人文素养、健康向上的进取意识与精神等。只有这样，高职院校体育教师才能在教学实践中，自觉地把自身塑造成学生健康成长过程中的榜样。

二、要与时俱进，不断更新教育观念

（一）要树立以学生为本的教育理念

以学生为本是指在教学过程中，教师应充分考虑学生的身心发展特点，以学生为主体，通过各种教学手段和方法来充分调动学生的学习兴趣，让他们积极主动地参与到课堂教学活动中。

1. 培养和发展学生的运动兴趣

教师可以利用"以赛代练"的方式来调动学生参加体育活动的积极性。如可以开展趣味运动会、体育知识竞赛、体育技能比赛等，让学生在游戏中学习，在学习中游戏。为了加强对学生运动兴趣的培养，还可开展一些与体育有关的文艺节目，如相声、小品、歌曲、舞蹈等。这样不仅可以活跃课堂气氛，还能让学生在不知不觉中喜欢上体育，爱上体育运动。

2. 提高学生的身体素质

身体素质是指人体的形态、机能等方面的良好状态，它是人体对内外环境变化的适应能力。在教学过程中，体育教师要不断地改变教学内容和方法，充分发挥体育教师的主导作用，提高学生参与体育锻炼的积极性。要以素质教育为核心，贯彻"健康第一"的指导思想，让学生掌握基本的运动知识、技能和技巧，养成良好的体育锻炼习惯，提高身体素质，从而促进学生身心健康发展。

3. 培养学生体育锻炼的能力

要把传授体育知识、技能与发展学生的体育能力结合起来，在传授知识的过程中，把学生的体育能力培养贯穿在整个教学过程中。教师可以利用各种手段，激发学生锻炼的兴趣，培养他们独立锻炼和自我锻炼的能力。如在教学过程中，可以设置一些有趣的游戏，让学生在游戏中学习。同时，还应充分发挥学生的主体作用，鼓励他们根据自己的爱好和特长选择合适的运动项目进行锻炼。

另外，要注重培养学生参与体育运动的意识。高职院校体育课程设置和教学内容上存在着一些局限性，导致体育课堂上往往是教师讲、学生听，学生自主学习、自我锻炼意识不强，甚至对体育课堂学习失去了兴趣。教师要将体育与生活紧密联系起来，通过各种形式将体育运动融入日常生活中去。如利用体育课让学生做一些简单的体操、广播体操和其他体育锻炼项目，利用课余时间组织学生到操场进行足球、篮球、排球等集体项目的比赛，利用课余时间组织一些与运动有关的趣味竞赛，等等。

4. 教会学生正确选择体育项目，科学地锻炼身体

高职院校体育教师必须不断强化终身体育的意识，培养学生主动参与体育锻炼的意识，让学生懂得通过体育锻炼提高身体素质、培养健全人格、完善社会角色的意义和作用，并养成良好的生活习惯，为今后参与社会工作打好基础。

5. 培养学生树立正确的健康观念并养成良好的生活习惯

良好的生活习惯对于人的健康具有重要的意义，也是一个人成功的必要条件之一。因此，在高职院校体育教学过程中，我们不仅要注重学生身体素质的发展，而且也要重视学生良好生活习惯的养成。为此，高职院校体育教师在教学过程中要特别重视培养学生养成良好的生活习惯，同时还要有意识地去培养学生树立正确的健康观念。良好生活习惯

和健康观念的养成不是一蹴而就的，它是一个长期的过程。我们在培养学生养成良好生活习惯和健康观念时，必须从日常小事做起，从细微处着手，逐渐养成，如饭后漱口、刷牙、不挑食、不偏食、按时作息等。只有在日常生活中不断培养学生养成良好生活习惯和健康观念，才能真正为他们以后走向社会奠定坚实的基础。

（二）要树立终身体育的理念

终身体育是以身体锻炼为基础，以终身参加体育锻炼为目的的体育活动方式。高职院校体育教师应把培养和发展学生终身参加体育锻炼的能力作为主要目标。

（三）要做到与时俱进，不断更新教学内容

高职院校的体育教学应以培养学生良好的身心素质为出发点，从终身体育的角度出发，根据社会和学校的需要以及学生的兴趣爱好来设置课程内容和教学方法。如在教学内容上应注重实用性与趣味性相结合，让学生通过学习运动技能和掌握一些运动方法而掌握健身的技能和技巧。

在教学方法上要做到多样化和灵活化。教师应根据学生的不同特点采用不同的教学方法和手段来组织课堂教学。如针对个别同学体质较差、对运动兴趣不浓、掌握运动技术较差等情况，可采用游戏法、演示法或讨论法等，这样既能活跃课堂气氛，又能满足学生对运动兴趣的需要。

（四）要与时俱进，不断提高自身的业务素质和能力水平

根据高职院校体育课程改革对体育教师提出的新要求，体育教师应不断提高自身素质和能力水平。

（五）要有创新意识和改革精神

现代社会发展日新月异，新知识、新技术、新工艺不断涌现。教师必须树立创新意识和改革精神，以适应社会发展的需要。要根据实际情况改革教学内容、教学方法和手段，优化课堂教学过程；要根据不同专

业学生的特点和不同体育项目的技术特点，因材施教。高职院校体育教师应具有创新精神和改革精神，不断进行教学方法、手段及体育锻炼方法的改革与创新，使体育教学内容更加丰富多样、生动活泼、富有吸引力。并根据学生个性特点因材施教。

三、体育教师要提高自身综合素质

素质是一个人的思想道德、学识水平、心理素质、身体健康、文化科学等方面的综合反映，体育教师的素质是影响和制约体育教育质量的重要因素之一。因此，我们在提倡提高体育教师自身素质的同时，还要不断地加强对体育教师的职业道德教育，使他们认识到体育教师职业道德对促进体育教育事业发展的重要作用。在高职院校中，学生是祖国未来发展的希望，他们肩负着建设国家和民族未来的重任，需要有强健的体魄和高尚的道德品质。在教学过程中，教师要处处以身作则，为人师表，做学生健康成长的指导者和引路人。在学校体育教学中要加强对学生的思想道德教育，让学生树立正确的人生观和价值观，培养学生终身体育锻炼的能力。另外，还应加强科学文化素质教育。面对知识经济时代对人才提出的新要求，如果我们不具备较高的文化科学素质和能力水平，将无法适应社会发展和经济建设的需要。因此作为一名体育教师不仅要具备健康科学知识，相应的业务能力、心理素质及创新能力等基本素质，还要掌握现代科学技术知识和方法，掌握现代化教学手段和技能，掌握教育科研方法，具备体育学科相关学科知识，熟悉本专业领域的国内外发展趋势。

（一）体育教师要不断更新知识结构，提高专业知识水平

目前，我国高职院校体育教师的专业知识水平比较低，不能适应高职院校体育教学的要求。随着社会的发展、经济的繁荣，对高素质人才的需求越来越大，这就要求高职院校体育教师必须更新知识结构，提高专业知识水平。这就需要高职院校体育教师树立终身学习的观念，不断提高自身各方面素质。如通过各种形式的进修、培训、观摩等，提高专

业理论水平；通过各种形式的培训、交流、学习等，提高专业实践技能；通过阅读报刊等，扩大知识面；通过网络学习等，提高信息技术能力；等等。同时，在体育教学中还应注意对学生进行思想品德教育，培养其良好的心理素质和健康意识。

（二）体育教师应具备一定的道德修养和职业道德

良好的师德修养是教师进行教学活动的前提条件，同时也是教师不断提高自己思想素质和业务水平的主要途径。体育教师的道德修养和职业道德是指在教育活动中应做到对自己负责、对国家负责，只有具有高尚的道德情操和精神风貌，才能真正做到为人师表，培养出更多的高素质人才。体育教师应具备一定的职业道德，要做到以下六点。

（1）热爱教育事业，具有强烈的事业心和责任感，热爱学生。

（2）具有良好的思想品德修养，具备良好的政治素质。

（3）热爱体育教育事业，具有严谨扎实的工作作风和诲人不倦的工作态度。

（4）有强烈的敬业精神，对学生严格要求。

（5）为人师表，以身作则。在工作中做到敬业爱生、严于律己、宽以待人、团结协作。

（6）刻苦钻研业务知识，不断更新知识结构。不断提高教学水平和业务能力。同时，还要深入了解学生的思想情况和心理状态，因材施教，因人施教。

（三）体育教师应具备良好的心理素质

在体育教学中，经常会出现一些不愉快的事情，如学生对体育课不感兴趣，上课注意力不集中，不服从教师的指挥；有的学生因身体或心理上有缺陷，如视力不好、听力不好、语言表达能力较差等，容易产生自卑心理；有的学生因受身体上的疾病影响，对体育课有畏惧感；等等。面对这些情况，体育教师应及时了解学生的思想情绪，采取适当的措施引导学生克服不良情绪，树立信心。在体育教学中经常会出现一些意外事故，如扭伤、撞伤等，面对这些情况，体育教师应沉着冷静，冷静地采取措施去处理。首先，要关心爱护学生，用真诚的态度去对待他们；其次，要采取必要的保护措施和医疗措施；最后，要注意教学方法和手段的选择。当学生出现错误时要耐心教育、耐心启发、耐心引导。教师在处理问题时要有分寸、有技巧；处理问题要从实际出发，不能过分追求完美而急于求成；应讲究方法策略，不能鲁莽行事；同时还应注意语言表达能力和形象举止的培养。

（四）体育教师应具有较强的健康意识和良好的健康行为习惯

体育教师必须具备良好的心理素质和健康意识，要热爱体育事业，尊重学生，具有良好的品德修养。同时，还要具有健康的体魄和积极向上的精神状态。因为体育教师若不具备健康意识和良好的行为习惯，就难以积极主动地参与体育活动，也就很难保证在教学过程中达到预期的教学效果。教师具有良好的心理素质，才能对学生起到潜移默化的教育作用。在教学过程中，教师应引导学生了解和掌握各种体育运动项目的基本知识和技术，让他们懂得应该如何学习、如何锻炼。另外，教师要具有健康意识，培养学生的良好行为习惯。因为运动可以增强体质，提高健康水平，保持身体健康可以更好地学习和工作，良好的运动习惯可以使人终身受益。但良好的行为习惯不是一朝一夕就能形成的，需要长期坚持才能达到效果。因此，在体育教学过程中教师要引导学生养成良好的行为习惯和饮食习惯。例如，不吸烟，不酗酒，不吃"三无"食品，合理安排饮食结构，做到营养均衡。还应注意对学生进行运动卫生教育，让学生养成良好的卫生习惯。

四、小结

作为高职体育教师，要不断提高自己的思想政治素质、职业道德素质、文化知识素质、业务素质和能力，真正做到热爱本职工作，教书育人。学校要把培养和提高体育教师的素质和能力作为重要任务，充分认识体育教育对学生成长和成才的重要性，不断加大对体育教育事业的投入力度。教师在教学过程中注意培养学生的自主学习能力、创新精神和实践能力，从而全面提高学生的综合素质，为社会培养出更多高层次的实用型人才。

总之，高职院校体育教师素质与能力的提高，不仅是高职教育事业发展的需要，也是保证学生健康成长和全面发展的需要。所以，要从人才培养的高度充分认识新时期加强高职院校体育教师素质与能力建设的重要性和紧迫性，积极探索新时期高职院校体育教师素质与能力培养的新途径。

在高职院校体育教学中，教师自身素质与能力对教学质量、教育效果有着重要影响。要提高教学质量，高职院校体育教师自身素质与能力是关键。因此，加强教师队伍建设、提高教师队伍整体素质和能力已成为高职院校建设发展的当务之急。为此，我们要不断提高高职院校体育教师队伍建设水平，并注重高职院校体育教师综合素质与能力的培养。作为一名合格的高职院校体育教师，应该具有高尚的道德情操、扎实的理论基础和精湛的业务技能、良好的心理品质、良好的身体条件、广博知识和较强的创新能力。因此，我们要不断提高自身素质与能力来适应时代发展对高等职业教育提出的新要求。只有这样才能培养出适应社会发展需要、具有创新精神和实践能力的高素质高技能人才。

第三节　高职体育教师的专业发展途径与策略

　　高职体育教师的专业发展，既能促进高职体育教学质量的提升，也是高职院校体育人才培养的保障。高职院校体育教师必须树立终身学习的理念，加强教学研究，不断提高自身的专业素养和教育教学水平。体育教师的专业发展具有一定的特殊性，既要注意学生运动技能水平的提高，也要关注学生的心理健康和心理素质。因此，高职体育教师不仅要加强学习，提高自身素质和业务能力，还要在教学改革中积极探索新的教学方法和手段。因此，高职体育教师要积极主动地加强学习、总结经验、勤于反思，在学习中不断地完善自己，提高自己的业务能力。

一、加强自身的师德修养，树立终身学习理念

　　师德是教师专业发展的基础。作为一名合格的体育教师，应该具有高尚的道德情操和精神风貌，具有高度的责任心，以良好的师德师风去感染学生。高职体育教师要有终身学习和终身发展的意识，加强专业知识和理论学习，不断更新知识结构。学习是专业发展的基础，是提高教师素质的有效途径。高职体育教师要树立终身学习的理念，不断用新知识、新理念来武装自己，改变自己原有的教学方式和教学方法。高职体育教师要主动参与到教学研究中来，不断提高自身专业能力和科研水平。高职体育教师应广泛阅读书籍，参加各种培训，参加学校组织的学术研讨会等活动，学习先进教育教学理念，并将其运用到自己的实际教学中；参加教育部门组织的各种培训、专家讲座、公开课等活动来提高自身素质和业务能力；阅读教育理论书籍，观看电视节目，浏览网络媒体，了解教育前沿动态，把握教育最新动态和趋势；学习体育相关学科知识和技能，丰富自己的专业知识结构；与同事交流，加强自身专业知识学习。在具体教学过程中，高职体育教师可以采取以下三种方式来加强自身师

德修养。

（一）走进专业协会，加强交流学习

体育协会是体育爱好者自发组成的组织，其宗旨是团结、引领、服务、发展学生群体。体育协会可以为教师提供一个展示自我、相互学习和交流的平台，不仅可以增加教师与学生之间的沟通，而且还可以增进教师之间的联系，加深彼此的了解。因此，高职体育教师可以走进专业协会，与专业协会的同行进行交流和学习。

高职院校的体育协会主要有以下三种类型。

（1）俱乐部型。这是最常见的一种类型，以竞技为主，如羽毛球、足球等俱乐部。

（2）学术交流型。这类协会以学术交流为目的，其会员主要是本校的体育教师，他们以交流学习为主要目的。

（3）兴趣型。这类协会是为了满足会员们对某项体育运动或某种健身活动的兴趣而成立的，如长跑爱好者协会等。

（二）参与科研活动，提升专业水平

科研活动是体育教师专业发展的有效途径，通过科研活动，教师可以进一步学习先进的教育理念和教育思想，并将这些先进的教育理念和教育思想应用到体育教学中，从而提高体育教学的水平。在科研活动中，教师可以不断发现问题、解决问题，从而提升自己的学术水平。在教学过程中，教师可以发现体育课堂教学中存在的一些问题，并尝试提出解决这些问题的方法或手段。在研究过程中，教师可以探索一些新的理论、新的方法和新的技术，从而丰富自己的教学内容和形式。通过科研活动，教师可以不断地学习先进的教育理论、教育思想和教育方法，从而使自己的教育理念不断得到更新和完善。同时，教师还可以将所学到的新知识、新思想、新方法运用到实际教学中，从而提高自己对教学过程和方法的调控能力。

高职体育教师应根据学校的发展规划，积极参与科研活动，不断提高自身的科研水平。高职体育教师要通过参加学校组织的教研活动、开展教改课题研究、撰写教研论文等来提高自己的科研能力。科研工作是教师专业发展的重要途径，也是教师自身成长的内在动力。高职体育教师要善于发现问题、思考问题和解决问题，不断提高自己的业务能力。

高职体育教师要积极参与教科研活动，在实践中总结经验，提炼出有价值的理论成果。参加学校组织的科研活动，不仅可以提升自己的专业水平，还可以提高自己分析问题、解决问题的能力，并将其运用到教学实践中。如在参加学校组织的教研活动中，可以将教学实践中遇到的问题进行总结归纳，形成科研课题，通过课题研究来提高自己教学水平。

高职体育教师应不断学习和掌握相关学科知识和技能，以提高自身的业务能力。高职体育教师要不断学习体育理论知识，对教学过程中出现的新问题进行深入研究和思考。通过不断学习和思考来提升自己的业务能力，从而促进高职体育教师专业发展。

（三）积极参与课堂教学改革，营造和谐课堂氛围

在课堂教学过程中，高职体育教师可以将传统的师道尊严与现代的以人为本教学思想相结合，努力做到民主教学，尊重学生，建立和谐的师生关系，从而使学生乐于上体育课。高职体育教师应努力营造平等、民主、和谐的课堂氛围，让学生在轻松愉快的氛围中接受知识，掌握技能，真正实现"教是为了不教"。高职体育教师应该与学生建立一种平等、相互尊重的关系，让学生有安全感和信任感。在教学过程中要努力创设一个能让学生自由发挥、张扬个性的空间，鼓励他们自由表现自我，让学生在课堂上都能得到锻炼和发展。此外，高职体育教师还应积极参与到课堂教学改革中去，不断改进自己的教学方法和手段，努力提高自己的课堂教学成效，通过课堂教学改革提高自己的业务水平和教学能力。

二、加强专业知识学习，不断提高业务能力

高职体育教师要加强专业知识的学习，不断提高自身的业务能力，努力提高自身的业务水平。首先，高职体育教师要重视新课程标准的学习，因为新课程标准是未来教育发展的方向，高职院校体育教学也必须

走新课程改革之路。因此，高职体育教师要认真学习和掌握新课标中关于体育教学目标、内容、方法与手段等方面的要求和内容。其次，要重视专业理论知识的学习。高职体育教师除了要加强专业理论知识的学习外，还要重视专业知识的更新，尤其是在现代信息技术高速发展的背景下，更要注重专业理论知识的学习。因为当代高职院校学生对现代信息技术非常熟悉，对网络有着浓厚的兴趣，所以，高职体育教师必须掌握一些信息技术，在教学中充分发挥多媒体教学的优势。最后，要重视《体育与健康课程标准》的学习。在新课程改革中，《体育与健康课程标准》是制定教学目标，确定教学内容、教学方法、教学评价方式等的依据。因此，高职体育教师必须掌握《体育与健康课程标准》，并将其灵活运用于体育教学实践中。

终身体育的理念是现代体育教育思想的核心，是高职体育教师专业发展的目标。只有树立终身体育的理念，才能使教师树立终身学习的意识，才能使教师不断提高自身素质和业务水平。高职体育教师应积极学习新知识、新理论，更新知识结构，积极开展教学改革，不断提高自身专业素养，增强科研意识，从而推动体育教育事业的发展。首先，要积极学习专业知识和技能，提高自身素质；其次，要不断更新知识结构，提高自身科研意识；再次，要加强学习和进修培训，积极参加相关培训和研讨活动等。总之，高职体育教师只有树立终身学习的理念并不断学习、不断实践、不断反思和总结，才能不断提高自身的业务水平和专业素养，进而推动高职体育教育事业的发展，满足社会对人才培养的需求。

高职院校体育教师要树立终身学习的理念。首先，要重视专业知识的学习。教师只有通过专业知识的学习和更新，才能不断丰富自身的知识储备和专业技能。其次，要重视专业技能学习。高职院校是培养高素质应用型人才的地方，对学生职业能力和实践能力要求较高，因此高职体育教师必须加强专业技能的学习和更新，尤其是要注重培养学生的职业能力和实践能力。最后，要重视社会实践锻炼。高职院校的学生大多对社会环境不够熟悉，经常会遇到各种问题和困难。因此高职体育教师必须重视社会实践锻炼，帮助学生提高解决问题和适应环境的能力。总之，高职院校体育教师在专业发展上需要有终身学习、不断创新、勇于实践的精神与毅力。

（一）《普通高等学校本科专业类教学质量国家标准》

教育部 2018 年发布的《普通高等学校本科专业类教学质量国家标准》，在教师职业能力要求方面有较大突破，对我国高校体育教育专业的改革与发展产生了重大影响。该标准的实施，将引领全国高校体育教育专业人才培养目标和人才培养规格的进一步提高，对促进高职体育教师队伍的专业发展具有重要意义。

高职院校体育教师的职业能力标准包括专业知识、教学能力和发展能力三个部分。高职院校体育教师专业知识包括教育学、心理学、体育学、人体科学、卫生保健知识等。其中教育学方面，应了解教育学原理、教育心理学及其基本理论；掌握学校体育学（含学校卫生与保健）的理论与方法；了解学校体育基本知识；掌握常用体育学科教学方法。心理学方面，应具有良好的运动生理学基础和较强的运动心理适应能力；掌握心理测量学的基本理论及方法，能正确评价学生的学习成绩。体育学方面，应了解运动人体科学的理论和技术方法；掌握运动解剖学和运动学知识；了解运动生物化学与生理学知识。卫生保健方面，应了解常见病和多发病的基本防治知识；了解学生体质状况及影响因素；掌握有关疾病预防与治疗的知识。教学能力包括能指导学生课外体育活动、科学锻炼，能对学生进行健康教育，能指导学生开展课余体育锻炼等。发展能力包括自我发展意识、专业发展意识和专业发展能力三个方面。

（二）《学校体育工作条例》

《学校体育工作条例》（以下简称《条例》）是我国第一部关于学校体育工作的行政法规。它的颁布，不仅对当前学校体育工作具有重要指导作用，而且将对今后我国学校体育工作产生深远影响。《条例》规定："体育教师应当热爱学校体育工作，具有良好的思想品德、文化素养，掌握体育教育的理论和教学方法。""体育课教学应当遵循学生身心发展的规律，教学内容应当符合教学大纲的要求，符合学生年龄、性别特点和所在地区地理、气候条件。""开展课外体育活动应当从实际情况出发，因地制宜，生动活泼。普通中小学校、农业中学、职业中学每天应当安排课间操，每周安排三次以上课外体育活动，保证学生每天有一小时体育活动的时间（含体育课）。中等专业学校、普通高等学校除安排有体育课、劳动课的当天外，每天应当组织学生开展各种课外体育活动。""学校体育工作应当坚持普及与提高相结合、体育锻炼与安全卫生相结合的原则，积极开展多种形式的强身健体活动，重视继承和发扬民族传统体育，注意吸取国外学校体育的有益经验，积极开展体育科学研究工作。"①这些规定为高职院校体育教师开展工作提供了重要的法律依据和政策支持。

（三）《关于实施职业院校教师素质提高计划（2017—2020）的意见》

教育部、财政部于 2016 年印发的《关于实施职业院校教师素质提高计划（2017—2020）的意见》（以下简称《意见》），是指导我国职业院校教师培训工作的纲领性文件，主要明确了职业院校教师培训工作的指导思想、目标任务、基本原则、计划内容等。高职体育教师专业发展应在《意见》的指导下进行。为使高职体育教师的专业发展更具有针对性和实效性，我们要认真贯彻《意见》的精神，根据职业院校体育教育特点，积极探索高职体育教师专业发展的新途径。

首先，要把《意见》作为高职体育教师专业发展的指南。《意见》中有关职业院校教师培训内容、要求和措施的规定，体现了"三个有利于"：有利于增强职业院校教师的责任意识和使命感，促进职业教育改革与发展；有利于加强师德修养和职业道德建设，促进师德水平提高；有利于加强职业院校课程建设和教学改革，促进教学质量提升。因此，高职体育教师在实施《意见》时应注重其科学性、实用性、有效性。

其次，要积极开展多种形式的专业培训。一是通过集中培训和分散学习相结合的方式，加强对《意见》精神和内容的学习；二是通过网络在线学习、远程教育等方式进行培训；三是通过到企业参观实习、参与社会实践等形式进行培训。

再次，要采取灵活多样的培训形式。一是在培训形式上要多样化，

① 参见学校体育工作条例[EB/OL].（2017-03-01）[2021-10-03]. https://www.sport.gov.cn/gdnps/html/zhengce/content.jsp?id=25531145.

如通过参加国内专业培训、出国研修、国外考察交流等方式进行专业培训；二是在培训时间上要灵活化，如安排集中学习和分散学习相结合、线上和线下相结合；三是在培训方式上要灵活化，如通过集中学习、网络在线学习、校外参观实习等方式进行；四是在培训内容上要灵活化，如对新教师进行教学常规和课程改革知识等方面的培训；五是在培训管理上要灵活化，如组织优秀教师进行经验交流、评选名师等。

最后，要注重有效结合。《意见》对职业院校教师专业发展提出了"三个注重"：一是注重师德修养与职业道德建设；二是注重专业知识与专业技能建设；三是注重教学能力和教学改革能力建设。只有这样才能促进高职体育教师的专业发展。

三、坚持以学生为本，增强体育教学的针对性

高职体育教师应树立以学生为本的教学理念，要充分尊重学生的主体地位，增强体育教学的针对性。首先，高职体育教师在开展教学时要做到因人而异，因生制宜。在组织体育教学时，教师可以根据学生的个体差异和身体素质差异制订不同的教学计划，并对学生进行分组分层教学，充分尊重学生的个体差异。其次，在组织体育教学时，高职体育教师应对不同基础、不同特长、不同性格的学生进行分类指导。这样可以让学生在轻松愉快的氛围中接受知识，激发学习兴趣和积极性。再次，在组织体育教学时应采用多种评价方式和手段。例如，教师可以采用自我评价、同伴评价和教师评价相结合的方式，也可以采用自评与互评相结合的方式，还可以采用教师评价与自我评价相结合的方式，还可以采用量化考核与定性考核相结合的方式。这些方法可以让学生在体育学习过程中充分感受到成功的愉悦，从而提高他们对体育学习的兴趣。

高职体育教师在组织教学时要以学生为主体，积极采用启发式、讨论式、案例式、探究式等教学方法，开展多样化的体育活动，让学生在自主参与中获得知识和技能。首先，高职体育教师要以学生为主体，采用启发式和讨论式的教学方法。启发式教学的核心是教师通过创设情境、提出问题，激发学生的学习兴趣。在组织教学时教师要多练、少讲；多

示范、少指导；多讲解、少纠正。讨论式教学的核心是教师与学生一起探究问题，解决问题。在组织教学时，教师可以通过引导学生对知识进行分析、归纳、概括等来培养他们的创新思维能力。探究式教学的核心是学生自主参与到课堂中来，通过自己对知识的分析和归纳来获取知识，掌握技能。在组织教学时教师要充分发挥学生的主体作用，使他们积极参与到课堂中来。例如，在讲解一个动作或练习方法时，教师可以通过讲解示范和直观演示相结合的方式，引导学生自主学习。

四、以双师素质为核心，完善知识结构

高职体育教师除了要具备丰富的专业知识和娴熟的专业技术技能外，还需具备较高的体育教育理论素养，这是高职体育教师提高自身素质、促进自身专业发展的前提。高职院校应该以"双师素质"为核心，鼓励和支持教师参加多种形式的学习和培训活动，通过在职教育、脱产进修等方式，使体育教师的理论知识和实践技能达到一个新的高度。在教学实践中，高职院校体育教师应该有目的地学习专业知识，提高自己的业务水平。高职院校可以组织体育教师参加各种相关专业技能培训的活动，让他们在实际工作中了解和掌握新技术，增强其对知识总结和创新的能力。高职院校可以为体育教师创造各种条件参加各种形式的培训，比如到企业、生产一线参观等。通过这些方式可以让体育教师对社会需求有更全面、更深入的认识，从而不断地提高自身的业务水平。

（一）不断提高理论水平

高职体育教师的教学理论水平对教学质量和学生的全面发展有很大影响。体育教师只有具备较高的理论水平，才能在教学实践中运用理论指导教学，用正确的理论指导学生的实践活动。因此，高职院校应该重视体育教师理论水平的培养和提高。首先，高职体育教师应该加强对体育教育理论知识的学习，掌握新课程改革的新理念、新思路，不断提高自身的理论水平。其次，高职院校应该鼓励和支持体育教师参加各种形

式的学术交流活动。例如，组织体育教师到高校进行专题讲座或到企业考察、学习等，在交流活动中，体育教师开阔视野、拓宽思路、增强自信，从而不断提高自己的科研能力和水平，通过进修活动体育教师可以了解最新的教育理念和教学方法，提高对课程改革的认识。通过这些活动，体育教师在交流中学习和借鉴其他院校成功的经验。

（二）努力提高实践能力

高职院校体育教师应自觉加强实践能力的培养，通过参加各种实践活动提高自己的实践能力。实践活动可以是教师利用节假日或课余时间，到企业或社会生产一线进行学习和实践，也可以是教师利用学校提供的科研机会，在理论与实际相结合的基础上开展科研。此外，高职院校还应该为教师提供锻炼的机会，给他们提供机会参加各级各类竞赛，展示自己的才能。高职体育教师大多数是体育教育专业毕业的，应该经常参加学校或行业组织的各项比赛。在比赛中，教师可以积累比赛经验；教师可以发现自己的不足和需要改进的地方。比赛结束后，教师可以对比赛过程进行总结和反思。通过这种方式体育教师可以不断提高实践能力，增强运用所学知识解决实际问题的能力。总之，高职体育教师应该充分利用自己所学知识来指导实践。如果高职院校没有良好的条件让体育教师进行实践活动，体育教师可以通过网络、电视等媒体来了解相关知识。随着计算机和网络技术在社会生活中运用得越来越广泛，高职院校应该大力加强与企业以及其他相关组织和机构的合作交流，这样既可以拓宽体育教师的知识面，又可以增强其与社会接轨的能力。

五、树立教学反思理念，促进专业发展

体育教学活动是一种有目的、有计划、有组织的社会活动，教学反思就是根据教学过程中出现的问题，以自己的教学实践为出发点，以解决问题为目的，对自己的教育教学活动进行认真、客观的分析，并在此基础上寻找解决问题的途径和方法。在体育教学活动中，教师只有不断

反思自己的教学行为、学生学习行为及教材内容选择等，才能发现自己存在的不足，进而改进和调整自己的教学方式。高职体育教师应树立反思意识，做到勤于总结经验，勤于分析研究，不断地进行教后反思、课前反思、课后反思等，以提高自己的专业素养和教育水平。

第四章 高职体育教学方法与策略

高职体育教学方法与策略是指在高职体育教学中，教师采用的一系列教学方法和策略。这些方法和策略旨在帮助学生更好地理解和掌握体育知识和技能，提高其体育素养和综合素质。高职体育教学方法与策略的选择和应用应根据学生的特点、教学内容和教学目标等因素进行综合考虑。一些常见的方法和策略包括分组教学、示范教学、游戏化教学、问题驱动教学等。这些方法和策略能够激发学生的学习兴趣，培养其团队合作精神和竞争意识，从而提高学习效果。高职体育教学方法与策略的研究和应用，对于促进学生身心健康发展，推动高职体育教育改革具有重要意义。

第一节　激发学生学习兴趣的教学方法

高职体育课程的教学目标是通过体育教育让学生掌握基本的体育知识和技能，培养学生终身体育锻炼的意识。高职院校对体育教学工作越来越重视，但目前在对学生体育学习兴趣的培养方面还存在一定的问题，所以在体育教学中还需要不断探索、创新方法。本章主要从高职院校体育教学现状入手，提出了激发高职学生学习兴趣的有效教学方法，以期为高职院校体育教育事业提供一些参考和借鉴。

高职院校主要为社会培养技术型、应用型的专业人才，目前在我国的职业院校中，对体育教育工作越来越重视，并且取得了一定的成绩。但目前高职院校体育教学也存在一些问题，导致在实际教学中学生对体育课程的学习兴趣不足。首先，体育教学工作是一项实践性较强的工作，而高职学生大多学习能力和身体素质比较薄弱，在体育课堂上经常会出现学习积极性不高、注意力不集中等现象；其次，体育教学中的运动技能和体能训练过程较为枯燥、单调，所以部分学生对体育课程存在抵触心理。综上所述，在高职院校中，体育教学工作还需要不断改进和完善。在实际的教学中，教师可以通过优化教学方法、丰富教学内容、创新教学评价方式等，来提高学生学习体育课程的积极性和主动性，从而促进学生的全面发展。

首先，在进行体育教学时，教师可以将体育教学与其他学科有机结合起来，让学生在学习过程中感受到体育的魅力，从而激发学生对体育学习的兴趣。例如，教师可以让学生在学习游泳时，结合游泳与健康之间的关系来增强对体育课程的认识。其次，教师可以采用多元化的教学手段来增强教学效果。例如，在学习篮球技术时，教师可以利用多媒体课件、播放录像等方式来增强学生对篮球技术动作的理解和掌握。最后，教师还可以开展一些趣味性较强的体育活动，通过这种方式来增强学生对体育课程学习的兴趣和热情。

一、优化体育教学方法，激发学生学习兴趣

　　教学方法是在教学过程中，为了提高学生学习积极性和主动性而采用的一种辅助手段，主要包括启发式、引导式、探究式和参与式等。教师在实际的教学过程中，需要根据学生的特点，合理运用各种教学方法。例如，在立定跳远这一运动项目的教学过程中，教师可以将学生分成若干组，要求学生先在原地练习动作要领，然后再进行立定跳远练习。通过这种方式，不仅可以让学生熟悉立定跳远动作的要领和技巧，还可以提高学生的自信心；不仅可以锻炼学生的下肢力量和腿部肌肉的耐力，还能够提高学生对运动的兴趣。

　　在高职院校中，学生体育学习兴趣的激发是一项长期而系统的工程，需要教师和学生共同努力。在教学方法上，教师应改变传统教学模式，优化体育教学方法，将更多的时间和精力投入到学生身上，培养学生的学习兴趣。教师在讲解一项体育技能时，可以让学生进行分组比赛，让学生在比赛中提高自身技能水平。如在篮球教学中，教师可以先让学生进行分组练习，然后在课堂上进行小组比赛，最后教师总结小组比赛结果并对表现优秀的小组给予奖励。这种方法可以增强学生的集体荣誉感和责任感，并能有效激发学生对体育课程的学习兴趣。教师还应注重对体育教学方法的创新，根据不同学生的身体素质和身体条件、不同班级的学习水平和教学进度等情况，调整教学计划。

　　（一）通过游戏化教学方式，提高体育课堂的趣味性

　　在传统的体育课堂教学中，教师常常采用讲授式的教学方式，将更多时间和精力投入到篮球和足球等体育技能的讲解中，导致学生对体育技能的学习缺乏兴趣。鉴于此，教师可以将趣味性的游戏融入课堂教学中，以激发学生对体育课程的学习兴趣。如教师可以将篮球教学分为几个阶段：热身阶段、运球过杆、投篮阶段、传球阶段。在各个环节中，教师可以将各种游戏融入教学中，让学生对篮球运动产生兴趣。在篮球训练前，教师可以播放一些关于篮球运动的视频，让学生观看视频中的

教学内容。在训练过程中，教师可以根据视频中的教学内容进行讲解和示范。训练结束后，教师可以让学生自由分组进行比赛，比赛开始前要做好准备工作。教师可以设计一些针对不同项目的小游戏，如绕杆跑、抛球投篮、接球等小游戏。在游戏过程中，教师要及时纠正学生出现的错误动作和行为。通过这种有趣的教学方法，学生对篮球运动的兴趣会有所提升。

（二）通过分组比赛的方法，提高学生的积极性

教师在课堂上让学生进行分组比赛，不仅可以增加学生的集体荣誉感和责任感，还可以让学生在比赛中提高自身的体育技能水平。通过这种方式，学生不仅能提高体育技能水平，还能提高团队合作意识和竞争意识。在比赛中，每个小组都需要轮流上场比赛，最后评选出表现出色的小组。经过一段时间后，教师可以发现学生的身体素质、技术水平、合作意识等方面都能得到显著提高。

（三）适当增加运动强度和运动负荷，增强学生的运动兴趣

教师可以根据学生的身体状况和实际需要，适当增加运动强度和运动负荷。由于学生的身体素质存在差异，部分学生不适合高强度的运动。教师可以根据学生的身体条件和兴趣爱好等情况，将学生分成若干小组，每个小组安排不同的练习内容。在体育课堂上，教师可以根据不同小组的练习情况进行现场评分和评价。根据评分结果，教师可以适当增加一些难度较大、负荷较强的技术动作要求，学生也需要投入更多的时间练习，最终提高运动技能水平。

二、丰富体育教学内容，培养学生综合能力

（一）设置学生感兴趣的教学内容

在高职院校中，体育教学的主要目标是培养学生的综合素质，帮助学生树立正确的价值观，引导学生进行体育锻炼。但是部分高职院校在

体育教学中，并没有发挥其应有的作用，使得教学效果不明显。这主要是因为教师在体育课堂上选择的教学内容过于单一，导致教学过程枯燥、乏味。因此在高职院校中，体育教师要改变传统的教学方式，结合学生的实际情况和兴趣爱好来选择合适的教学内容。例如，教师在教授篮球课时，可以针对学生的身高、体重、性别等不同情况来选择合适的篮球球体和篮球技巧进行教学；在教授足球课时，可以选择足球比赛中常用的传球、射门等技巧进行教学；在教授跆拳道时，可以结合跆拳道动作和技术特点来进行教学。通过丰富体育教学内容，提高学生对体育课程学习的积极性和主动性。从而提高体育教学质量和效果。

1. 结合专业特点优化教学内容

在高职体育教学中，教师要根据专业特点来优化教学内容，这是为了更好地提高高职学生的实践能力和综合素质。例如，在财会类职业院校中，教师要结合会计电算化方面的知识来设置体育教学内容；在建筑类职业院校中，教师可以根据建筑施工方面知识来设置体育教学内容。通过这种教学方式，学生可以掌握专业相关的知识和技能，进而促进学生综合素质的提高。

2. 利用信息技术优化教学内容

随着现代信息技术的快速发展和普及应用，高职体育教学也开始了信息化变革。在体育教学中，教师可以利用多媒体技术来优化教学内容，使体育课堂更加生动有趣、丰富多彩，学生学习起来也会更加轻松愉快。例如，在体育教学中，教师可以通过利用多媒体技术来设计游戏或者播放视频等方式来激发学生的学习兴趣。这种教学方式不仅能让学生获得丰富的体育知识和技能，而且还能提高他们的综合素质。因此在高职体育教学中，教师要积极利用信息化技术来优化高职体育教学内容和教学方法。

（二）分层教学，因材施教

分层教学是指在体育教学过程中，教师根据不同的教学内容、学生身体素质进行合理的分层次安排教学，可以更好地体现以人为本和因材施教的教育思想。分层教学法适用于低年级的学生。例如，在篮球课中，教师根据实际情况可以把学生分为若干个小组，然后对每个小组进行分层教学。教师根据每个小组学生掌握运动技术的情况，将他们分为 A、B、C 三个层次，每个层次对应不同的教学内容和要求，这样就能让不同水平的学生都能得到有效训练。

在传统的体育教学中，大部分高职院校都是根据学生的身体素质和性别差异安排不同的体育项目，进行分层教学。这种教学方式虽然能够满足学生的部分个性化需求，但是也给部分学生造成了学习压力，进而导致部分学生产生厌学情绪。因此，在高职体育教学中，教师要丰富体育教学内容，根据不同学生的身体素质状况和学习能力进行分层教学，从而培养学生的综合能力。

高职体育教育不同于普通高中教育，教师可以根据学生身体素质的差异来进行分层教学。例如，对一些体质比较差的学生可以安排一些跑、跳、投掷等基本的体育项目，而对体质好一些的学生可以安排一些球类运动项目。这种分层教学方式可以有效激发学生学习兴趣，让不同类型的学生都能发挥自身优势，从而提高学习效率。

在高职体育教学中，教师要充分尊重学生的个性特点和运动爱好，根据不同学生的学习能力和身体素质，设计不同的体育教学内容，从而使不同类型的学生都能发挥自身优势，提高学生对体育学习的兴趣。教师还可以根据不同学生对体育学习的需求来设计分层教学。此外，在进行分层教学时，还应该充分考虑到各方面因素。在安排分层教学时要充分考虑到教学时间、教学场地等因素，同时还要充分考虑学生的学习能力。

总之，高职体育教育不仅要促进高职院校学生全面发展和综合素质的提升，也要提高课堂教学质量和效率。教师要结合不同类型高职院校学生的特点来设计分层教学内容，从而激发其学习兴趣。同时，教师还要结合不同专业的特点来设计分层教学，从而使不同类型、不同专业的高职院校学生都能在体育运动项目中得到锻炼和提升。这样既能提高课堂教学效率，又能促进高职体育教育的发展。

（三）合理安排课程时间和强度

高职体育教学在内容和时间上更紧凑，因此，教师要合理安排课程时间和运动强度，提高学生的学习效率，避免出现学生过于疲劳的现象。在教学中教师可以采用分组教学的方式，将学生分成不同小组，根据学生的不同兴趣来分配教学任务，这样可以有效提高学生的学习兴趣，从而提高课堂教学效果。

在高职体育教学中引入竞争机制，可以有效激发学生的学习兴趣。在传统的高职体育教学中，教师一般都是按照固定的方式进行体育教学，教师要按照既定的计划来安排体育活动，长时间这样会导致部分学生对体育活动失去兴趣，从而导致课堂秩序混乱。因此可以在体育教学中引入竞争机制，教师要根据学生的学习情况来设计和安排不同的课程内容和活动。例如，在体育比赛和游戏活动中，教师可以采用积分制来刺激学生参与课堂活动。此外，教师还可以定期组织不同类型的比赛，激发学生对体育学习的兴趣。

三、创新教学评价方式，促进学生全面发展

高职体育教学评价是对体育教学质量的重要评估，传统的体育教学评价方式已经不能适应当前高职学生的发展，不利于高职学生更好地掌握体育知识和技能。所以在新时期，高职院校需要创新教学评价方式，全面考查学生的体育素养和综合能力，从而为高职学生未来发展打下良好基础。

在高职体育教学中，创新教学评价方式对于促进学生的全面发展，提高教学效果至关重要。下面是一些适用于高职体育教学的创新评价方式。

（1）可以采用基于项目的评价方式。通过设计具体的体育项目或比赛，让学生在实践中展现他们的体育技能和团队合作能力。通过观察他们在项目中的表现，可以更全面地评价他们的体育水平和潜力。

（2）可以引入技术辅助评价工具。利用视频录像、传感器等技术手段，对学生的体育动作和表现进行记录和分析，从而客观评价其技术水平和改进空间。这种方式不仅可以提供更准确的评价数据，还可以帮助学生更好地了解自己的表现并进行自我调整。

（3）可以采用同行评价和互助评价的方式。让学生相互观摩、互相评价，通过合作学习和互助反馈，促进他们的学习互动和共同进步。这种方式可以培养学生的团队合作精神和批判性思维能力。

创新教学评价方式对于促进学生全面发展至关重要。通过采用多元化、综合性的评价方式，可以更全面地了解学生的学习情况和发展需求，从而更好地指导他们的学习和成长。创新教学评价方式应该注重学生的个性化发展，充分考虑学生的兴趣、特长和潜能，为他们提供更有针对性的指导和支持。此外，创新教学评价方式还应该注重学生的综合素质和能力的培养，不仅关注学生的学术表现，还要关注其思维能力、创新能力、团队合作能力等方面的发展。通过创新教学评价方式，可以更好地激发学生的学习动力，促进其全面发展。

综上所述，创新教学评价方式可以帮助高职体育教学更好地激发学生的学习兴趣，提高他们的学习积极性，促进其体育技能和综合素质的全面发展。通过不断探索和实践，我们可以不断完善和创新教学评价方式，为高职体育教学带来更多的活力和成效。

四、小结

在体育教学过程中，教师要积极鼓励学生展示自己的体育技能，如在运动会或体育比赛中，教师可以安排一些能够体现学生运动水平的项目，让学生通过竞技展现自己的体育能力，同时也能够起到激励其他学生学习和锻炼的效果。同时，高职院校还可以举办一些趣味体育活动，比如在冬季组织开展"冰雪运动""趣味篮球"等活动，既可以提高学生的运动兴趣，也可以培养学生的体育精神和意志品质。

让学生参与到体育活动中，是激发学生体育学习兴趣的一个重要途径。在体育教学过程中，可以通过设置游戏活动、比赛等形式，让学生在参与中掌握技能，提高自身的综合素质。例如，在进行篮球教学时，教师可以通过游戏的形式让学生掌握篮球技巧，提高学生的篮球水平。在比赛中，可以让学生自己设置规则、准备工具等。这样的游戏活动可以让学生在游戏中学习到篮球技巧和技能，提高自身的综合素质。除了游戏活动以外，还可以通过组织一些小型运动会的形式来激发学生的体育学习兴趣，比如开展跳绳比赛。这些运动项目既能够锻炼学生的身体素质和协调能力，又能够培养学生团结协作的精神和意志力，让学生感受到体育运动带来的乐趣和成就感，从而激发学生对体育学习的兴趣和热情，使体育教学达到更好的效果。

总之，兴趣是最好的老师，对学生而言，学习兴趣能够有效激发他们的学习动力。因此，在高职体育教学中，教师要充分了解学生的实际情况和兴趣爱好，不断激发学生的体育学习兴趣。在具体教学过程中，教师可以选择适合学生的运动项目，让他们能够愉快地锻炼身体。在课堂上，教师可以根据教学内容和学生实际情况设置多种游戏和活动，如接力跑、袋鼠跳、呼啦圈、跳绳、拔河等。同时，教师要多鼓励学生参与体育锻炼和活动，充分调动他们的学习兴趣。此外，教师还要加强对学生体育知识和技能的培养，让他们能够在实践中灵活运用。高职体育教学要顺应时代发展趋势，充分调动学生的学习兴趣，只有这样才能让学生真正从内心喜欢上体育课堂，掌握体育技能，养成终身体育锻炼的习惯。因此，在高职体育教学中要注重教学方法的创新和优化。

第二节　提高学生体育技能的教学策略

体育技能是学生通过长期的体育锻炼逐渐形成的，可以直接参与的，能够满足体育教学要求的，具有一定难度和挑战性的动作技巧和能力，包括身体锻炼手段和身体练习手段两种类型。身体锻炼手段包括跑、跳、投、钻、爬、平衡等动作，以及在这些动作中运用不同的身体练习形式，如模仿法、对比法、启发诱导法等。身体练习手段主要是指在体育教学中根据具体内容所使用的各种练习形式，如徒手体操和器械体操等。学生通过多次的体育技能练习，可以让自己的身体得到锻炼，并掌握一定的运动技术和技能。下面就谈谈在体育教学中如何提高学生体育技能。

一、强化动作表象

动作表象是人们在掌握一种动作时，头脑中出现的各种视觉形象或听觉形象。它能帮助人们记忆和理解动作，对体育教学起到重要作用。如学习跨栏跑时，由于学生缺乏专项锻炼，很难记住跨栏的姿势，这时可让学生观看跨栏动作视频，看着运动员们跨栏跑时优美的姿势和身体各部分协调配合的动作，学生就会有一种跃跃欲试的冲动，从而激发他们学习跨栏跑的兴趣。同样，在学习跳跃时也可以让学生观看跳跃视频，并让他们思考自己能不能做出来、能做到什么程度等问题。当学生在头脑中形成了清晰的动作表象时，就可以很好地学习和掌握体育技术。例如，在练习跳高时，让学生观看跳高视频，学生观看之后就会发现跳高运动员的起跳角度、腾空高度、落地速度、身体重心起伏以及臂展摆动等方面都与自己练习时有着很大差别。

（一）利用视觉表象

视觉表象是指人们在学习或练习时，在大脑中形成的对事物的各种视觉形象，是一种非常重要的表象形式。在体育教学中，利用视觉表象进行教学，可激发学生对体育课程学习的兴趣，强化动作表象，提高学习效果。比如在篮球课中，让学生观看篮球比赛中球员运球、传球、投篮等技术动作的视频，学生既能欣赏篮球运动的魅力和精彩瞬间，又能感受到篮球运动对身体素质和技术的要求。比如在进行篮球教学时，可以让学生观看美国职业篮球联赛（NBA）中球员运球、传球、投篮等技术动作视频，这样不仅可以激发学生的学习兴趣和热情，还能够加深他们对体育项目的认识和理解。再比如在进行田径类项目教学时，教师可以让学生观看田径比赛中运动员跑、跳、投等技术动作的视频资料。通过观看比赛视频，学生不仅可以感受到运动员们高超的运动技术和顽强拼搏的体育精神，还能让他们在头脑中形成良好的动作表象。

（二）利用听觉表象

听觉表象是指在学习某一技能或掌握某一动作时，通过听觉接受刺激，人们在大脑中形成的关于该技能或动作的一种知觉表象。这种知觉表象不受运动路线和动作方向的限制，因而有利于学习者从整体上把握技能的结构。在学习一些简单的动作技术时，教师可以让学生通过听觉表象来帮助自己理解、记忆和练习。如在学习健美操时，很多学生很难掌握音乐的节奏、节拍，把握不好音乐与动作之间的关系，教师可以让学生听两遍音乐后，让学生闭上眼睛表象音乐的节奏，在头脑中再现音乐与动作的结合，这样不仅可以加快学生运动技能的学习，提高健美操课堂教学和训练效率，增强学生的运动技能水平，还可以弥补健美操技能学习中的不足。听觉表象对体育教学非常重要，教师在体育教学中应该积极利用听觉表象来帮助学生记忆和掌握体育技术技能，从而促进学生身体素质全面发展。

（三）利用语言表象

语言是人们进行交流的一种重要工具。在体育教学过程中，教师不仅要示范、讲解，而且还要注意运用语言进行沟通和交流。语言是体育教学过程中沟通思想的媒介，也是与学生交流的工具。体育教师在进行教学时，要运用各种不同的语言向学生传达信息，引导学生积极主动地学习体育技能。如在跳远教学过程中，教师可以采用这样的语言："跳得好不好不重要，重要的是能不能跳过这一高度""来，你们看我跳得多好呀！你们想不想跳过这个高度？"。教师用这种语言激励学生积极主动地参与到学习中去，从而达到预期的教学效果。在讲解立定跳远时，教师可以说："同学们好！立定跳远是田径运动中技术较复杂的一个项目。它要求运动员要有良好的下肢力量和腰部力量以及手臂、腿部和髋部的协调用力能力。"精准的语言描述可以让学生更好地理解动作要领。

二、重视教学组织形式

（一）教学组织形式类型

1. 分组教学

在体育课中，经常出现学生在一个场地上，活动空间受限，教师不知道要怎么教的情况。这时教师可以把学生分成若干个小组，给每组划分一个活动空间，记录员可以随时记录每个小组的活动情况，可以帮助老师了解每组学生的情况。当老师发现某个小组的活动效果不够理想时，就可以请记录员去提醒或帮助那些不够积极的学生。在课堂上设立记录员这个职务，可以培养学生的服务意识，有利于增强课堂教学效果。

2. 个人练习法

个人练习是指在体育教学中在教师指导下学生个人进行练习。在体育技能课中运用这种方法有利于教师更好地了解每个学生掌握动作的情况，更好地因材施教。教师可以根据不同水平、不同性别、不同体质的学生来安排不同层次的教学内容、教学方法和练习形式。例如，在体育技能课中，一些力量大的学生可能喜欢用负重跑来练力量；一些爆发力强、身体比较灵活的学生，可能就会选择跳来练灵活性；一些耐力好、身体素质比较好的学生，则喜欢练习短跑或足球等需要爆发力和速度的项目。这些学生都有各自的优势和特长，教师可以根据他们的特点来选择不同的教学组织形式。

（二）注重合作学习

在体育技能课中运用合作学习法有利于提高课堂教学效率和教学质量。合作学习是指学生之间通过交流、合作，共同完成任务的一种学习方式。教师可以让每个小组选择一个代表逐一到前面做示范动作，然后全班进行练习;或者让每个小组选择一个动作或一种器械作为本组的"课题"，然后进行小组间比赛。这样不仅能够增强学生的团队合作能力，还能够提高他们的学习兴趣和参与度。

1. 要在学生自愿的基础上进行

在体育教学过程中，教师应该根据学生的实际情况来设计合理的合作学习方法，让每一个学生都能有机会参与到合作学习中去。学生在参与合作学习时，要充分考虑自己所处的位置和自己所扮演的角色，同时还要考虑到自身与他人之间的关系。每个人都有自己的特点和优势，这是小组成员在进行合作学习时教师要充分考虑的因素。每个学生都有自己擅长和喜欢的技能和运动项目，所以教师应该让学生在学习中有更多的选择，这样才能让他们在合作学习中充分发挥自己的优势和特长。

2. 要注意学生之间的关系

（1）合理分配角色。在体育技能课中，教师可以把学生分成若干个学习小组，让学生根据自己的兴趣爱好、性别、体质等特征选择自己的角色。这种分组方式可以让每个学生都有机会参与到课堂教学中来，并得到充分锻炼。

（2）鼓励合作交流。在体育技能课中，教师应该多鼓励和引导学生之间的合作与交流，这样可以让每个学生都能得到更多的锻炼机会。

（3）关注个体差异。在体育技能课中运用合作学习法可以让学生充分发挥自己的主观能动性和创新意识，并通过合作交流相互学习，共同提高运动技能。但是在合作学习中也要注意每个学生的个体差异，让每个学生都能在合作学习中得到充分的锻炼和发展。

3. 要注意加强师生之间、生生之间的交流

师生之间的交流可以让学生的情感、态度和价值观等方面得到更好的发展，可以激发学生的学习兴趣，让学生在轻松愉快的氛围中学习和练习。教师也可以通过和学生的交流来发现学生学习中存在的问题，帮助学生更好地掌握运动技术。在比赛中，教师可以通过观察每个小组比赛的情况来了解学生掌握技能的程度，如果哪个小组在比赛中出现了问题，教师需要及时地进行指导。

（1）坚持以人为本，重视学生的主体地位。传统的体育教学模式以教师为主体，教师在课堂中居于主导地位，学生在课堂上处于被支配的地位，很少有学生主动参与到教学活动中来。这种传统的教学模式会让学生失去学习的兴趣和积极性，教学效果也不理想。体育教学应该坚持以人为本的教学理念，注重学生的主体地位，把学生当作课堂的主人。教师应该尽可能地让学生参与到体育课堂活动中来，充分调动学生学习的积极性和主动性。教师要尊重每一个学生的人格和自尊心，让每一个学生都能在体育课堂上体验到成功的喜悦，这样才能促进每个学生的发展，为他们以后走上社会奠定良好的基础。

（2）发挥学生的主观能动性，创设合作学习情境。合作学习强调以学生为主体，以教师为主导，充分发挥学生的主观能动性，让学生主动参与到学习中，在合作学习过程中能够积极、主动地获取知识和技能。在体育教学过程中，教师可以将学生分成若干小组，每个小组都有自己的任务和目标，然后让他们以小组为单位进行合作学习。合作学习能让学生更好地自主掌握运动技能。例如，在教学篮球技术时，教师可以组织学生进行投篮比赛。在比赛之前，教师可以给学生们提出具体的要求和目标，比如第一次投篮时要先看准球，再出手投篮；第二次投篮时要看准球篮，后出手投篮；第三次投篮时，先看准球，再看准球篮，最后出手投篮。

三、培养学生良好的心理素质

良好的心理素质是学生进行体育技能学习的重要保障。只有具备良好的心理素质才能保证学生在技能学习过程中遇到挫折与失败时能以积极的心态去面对，从而让自己得到更进一步的发展。

首先，教师要积极引导学生正确对待失败。在体育技能学习过程中失败是经常发生的事情，在练习的过程中有时会出现一些小困难或失误，这是非常正常的现象，我们应该以积极乐观的心态去面对失败，从中吸取教训，并及时调整自己的状态。如果把失败看成是一种耻辱，那么就会影响自己今后学习的积极性和主动性。所以教师要引导学生正确地认识和面对失败，既不能因为某个技术动作没做好就否定自己，也不能因为某个比赛没有取得理想成绩就妄自菲薄。教师要从正面积极地引导学生树立正确的世界观、价值观和人生观，帮助他们形成正确的体育学习动机和态度。教师要多鼓励学生积极参与体育活动，帮助他们建立"我能行""我一定能成功"等信念来增强对学习体育技能的自信心。

其次，教师要因材施教，根据学生不同特点进行教学。在教学过程中教师应根据不同学生的身体素质和心理特点，采用不同的方法进行教学。比如对于力量或身体素质等较差的学生，多采用分解练习和反复练习的方法；对于那些心理素质较差、对体育活动有恐惧心理、在学习上有困难的学生，多采用游戏练习等方法；而对于那些身体素质较好、学习能力较强、意志品质坚定、有一定运动基础的学生，多采用示范、讲解与示范相结合的方法；对于那些性格开朗、情绪容易激动的学生，多采用创设情境与启发诱导相结合的方法。

最后，教师要采用合理有效的心理训练方法。在体育技能教学中，教师可以通过训练学生克服在体育技能学习过程中出现的各种心理障碍和困难。比如可以让学生学习一些面对身体障碍和心理障碍的方法，克服自己在体育技能学习过程中所遇到的困难；可以让学生进行模拟比赛来培养他们战胜困难和挫折的信心和勇气。

四、让学生掌握有效的学习方法

有效的学习方法是指学生进行学习时，有目的地运用恰当的方法，从而在实践中获得成功，达到预期的目的。有效的学习方法主要包括以下三个方面。

（一）要重视预习

预习是学生主动学习和思考问题的过程。在体育技能教学中，教师应该指导学生课前认真做好预习，并将预习的方法告诉学生，让学生通过自主合作、探究式的学习方式进行自学，让学生提前了解体育技能的知识。

（二）要让学生学会自主练习

在体育技能教学中，教师要指导学生学会自主练习。教师可以在课堂上进行一些小组活动，让学生选择自己感兴趣的项目进行练习。通过小组讨论，让学生对动作有一定的认识和理解，并且在实践中学会运用。

（三）要注意教学方法

体育技能教学是一项复杂、烦琐、细致的工作，教学方法也是多种多样的，如讲解法、示范法、直观教具演示法、游戏练习法、比赛练习法等。体育教师应该根据不同的体育项目选择合适的教学方法。

五、合理安排教学过程

（一）教学前做好准备

教师在上课前要做好充分的准备工作，主要包括以下四个方面。

1. 了解学生的基本情况

在教学前，教师要对学生的基本情况有一个详细的了解，如学生的年龄、性别、学习习惯以及学习基础等，还要掌握学生的身体状况和心理状况。

2. 合理安排教学内容

在体育技能教学中，教师要根据教材内容和学生的身体状况进行合理的安排。比如在教跳远时，教师可以根据教材内容选择助跑、起跳、腾空、落地等技术动作，让学生在课堂上进行模仿练习。同时，教师要根据不同年级的学生设计不同的练习方式，这样可以提高课堂教学效率。

3. 要合理安排场地和器材

在体育技能教学中，场地和器材是课堂教学必不可少的条件。为了提高体育技能教学效果，教师应该合理地安排场地和器材。

4. 安排好课前热身活动

在体育技能教学中，热身活动是必不可少的环节。热身活动可以提高学生身体的灵活性，促进血液循环和新陈代谢，增强机体对外界环境变化的适应能力和应变能力，避免运动损伤。

（二）教学中巧妙引导

在体育技能教学中，教师要充分发挥学生的主观能动性，调动学生的积极性，让他们积极地参与到课堂教学中来。教师可以通过以下四个方面来引导学生。①用鼓励性的语言，激发学生学习体育技能的兴趣。在体育技能教学中，教师可以利用语言的激励作用，让学生产生学习体育技能的愿望。②创设良好的体育课堂教学环境。③帮助学生克服心理障碍。体育技能教学是一个漫长而艰辛的过程，需要学生具有顽强的毅力和吃苦耐劳精神。在教学中教师应该指导学生克服心理障碍，让他们对自己有信心、有耐心。④培养学生合作意识和团队精神。通过合作学习和比赛练习，不仅能够提高学生之间的团结协作能力和竞争意识，还能够培养他们良好的道德品质和健康心态等。

（三）教学后要反思

要想提高体育教学的质量，提高学生的学习效果，体育教师必须在教学后对教学内容和方法进行反思。通过反思，教师可以对自己的教学效果进行评估并发现问题，从而找到改进方法。

在教学过程中，体育教师应该在课前做好充分准备，让学生对学习内容有一个初步的认识，然后根据学生的具体情况选择合适的教学方法和教学手段。在课堂上，体育教师应该用发展的眼光看待学生，对学生的错误动作进行纠正和指导。另外，体育教师还要把自己的教学经验进行总结，进而提高课堂教学的效果。

总之，提高学生体育技能是一项长期而艰巨的任务，需要体育教师付出更多的时间和精力去引导学生。作为一名体育教师，应该不断地学习新知识和新理论，提高自身专业素质和业务能力，这样才能不断地提升自己的教学水平，更好地为学生服务。

第三节　创新体育教学的方法与手段

在高职院校中，体育课程的开展有助于学生综合素质的提升，因此，在进行体育教学时，教师应注重教学方法的创新与改革，从而激发学生的学习兴趣，增强学生体质。在进行体育教学时，教师应结合学生实际情况和兴趣爱好选择相应的体育项目开展教学活动，如在开展篮球教学活动时，教师可以带领学生一起进行篮球比赛，通过这样的方式可以增强与学生之间的交流与互动，促进生生、师生之间互相学习与进步。教师还可以利用多媒体设备开展体育教学活动，多媒体设备具有视频、音频等多种功能，通过多媒体技术开展体育教学活动可以更加直观、形象、生动地呈现教学内容，从而提高体育课堂的趣味性与生动性。

一、选择合适的教学内容

教师在教学时应注重教学内容的选择，结合学生实际情况与兴趣爱好选择相应的教学内容，从而更好地开展体育教学活动。如在进行篮球教学时，教师可以带领学生一起进行篮球比赛，这样可以促进学生之间相互交流，增强他们的合作意识与团队意识，同时可以激发学生学习兴趣。

在进行体育教学时，教师应根据学生的兴趣爱好选择相应的体育项目，以激发学生学习体育的兴趣，提高学生对体育的热情，从而促进学生身心健康发展。例如，在进行篮球教学时，教师可以将班上同学分成三个团队，分别是进攻队、防守队和技术队。进攻队的任务是完成投篮、突破、抢篮板等任务；防守队的任务是完成抢断、协防等任务；技术队的任务是完成运球、传球、投篮等任务。教师可以让学生自由选择自己喜欢和擅长的团队，在比赛中发挥自己的优势与特长。这样学生可以在比赛中找到自身的价值，并享受比赛带来的乐趣；提高学生篮球技术水平的同时，也能提高学生的团队合作能力。

　　在进行体育教学时，教师应结合学生实际情况，结合学生生活实际开展相应的教学活动。在进行篮球教学时，教师可以将篮球知识与学生日常生活相结合，让学生在学习篮球知识的同时感受到篮球文化的魅力。教师可以组织学生观看篮球比赛的录像，并鼓励学生参加比赛。教师还可以让学生到篮球场上体验篮球运动，通过现场观看和亲身体验，激发学生对篮球运动的兴趣。

二、制定合理的教学目标

　　在开展体育教学时，教师应制定科学合理的教学目标，让每个学生都能够在良好的环境下进行体育锻炼。例如在开展篮球教学时，教师可根据不同学生的身体特点制订相应的教学目标和教学任务，对于身体素质较差、篮球技术较差的学生，教师应注重对他们进行基础训练。在高职体育教学中，教师还应注重对学生进行个性化培养，可根据不同专业学生的特点进行针对性培养。这样可以让不同专业的学生都能够在良好环境下进行体育锻炼，从而提升自己的身体素质。

三、灵活运用教学方法

（一）游戏法

　　游戏是学生最喜欢的教学方式之一，教师可以把各种游戏融入体育教学。尤其是刚进入到校园中学习的新生，对于高职院校体育课程还不熟悉，教师可以通过一些趣味性较强的游戏活动来增强学生对体育锻炼的兴趣。例如，在开展排球运动时可以开展一些排球小游戏，通过这样的方式让学生更好地掌握排球运动技能。

（二）情境法

　　情境教学法是指教师创设一个情境来进行教学的方法，通过创设情境可以让学生更好地融入学习活动中，让学生更好地掌握所学知识与技能。同时，在开展情境教学时还应注意教学情境的真实性与生动性。在进行足球教学时，教师可以根据学生的年龄特点设置不同的教学情境，从而更好地激发学生学习兴趣。

（三）分解法

在开展体育教学活动时，教师应根据不同的教学内容和学生的实际情况选择不同的教学方法。在进行篮球基本动作练习时，教师可采用分解教学的方法，即将篮球动作分解成若干个动作。学生在练习时，可以通过分解练习法掌握动作要领。教师还可以将教学任务分为多个部分，即将篮球课的内容分成几个部分，每部分都有不同的教学目标和教学任务。教师通过分步教学，不仅可以提高学生学习体育课程的积极性和主动性，还能培养学生对体育课程学习的兴趣。

四、充分利用多媒体教学手段，激发学生兴趣

在传统的体育教学中，教师主要采用讲解、示范等方式来完成教学任务，这不仅增加了教师的工作量，还降低了学生的学习兴趣。在体育教学中运用多媒体技术可以有效地活跃课堂气氛，提高学生对体育课程的兴趣，从而提高体育教学质量。例如，在进行篮球教学时，教师可以利用多媒体技术，将篮球运动的视频资料展示给学生，并引导学生学习篮球技术动作。通过这种方式可以让学生对篮球运动有更深入的了解和认识，从而激发学生对篮球运动的兴趣。因此，教师应重视多媒体技术在高职体育教学中的应用。

教师可以通过多媒体设备让学生观看视频，帮助学生对所学知识有更进一步的理解，让学生了解体育训练的过程与方法。利用多媒体设备进行体育教学，还可以让学生在学习体育知识时能够有更加直观的感受，从而有效提高课堂教学效果。如教师在讲解篮球运球技术时，教师可以通过多媒体设备向学生展示篮球运球技术的基本要领。这样不仅可以让学生更加直观地了解篮球运球技术，同时还可以提高学生对篮球运球技

术的学习兴趣。在讲解羽毛球基本动作时，教师可以将羽毛球基本动作中的抛球、传球、放球等进行详细讲解，然后利用多媒体设备向学生展示羽毛球基本动作训练过程中所需要注意的事项。这样不仅能够让学生更加直观地了解羽毛球基本动作的训练过程，还能够让学生对羽毛球基本动作加深印象。

五、教师加强指导，培养学生运动习惯

教师还应加强与学生之间的互动交流。教师将自己所学到的知识技能传授给学生，同时也要及时了解学生在学习过程中遇到的问题和困难。在体育教学中，教师应注意对学生进行情感教育和心理教育，通过情感教育可以提高学生对体育学习的兴趣，同时也能拉近师生关系，提高教学效率。

（一）加强对学生的指导

在体育教学中，教师要加强对学生的指导，针对学生不同的学习情况和特点，采取不同的教学方法与手段，从而促进学生身体素质和体育技能的提高。例如，在篮球教学中，教师可以采用分组比赛的方式开展教学活动。在比赛过程中，教师应结合学生的实际情况合理分配比赛任务，并针对不同的比赛任务采取不同的教学方法与手段，让学生充分发挥自己的体育特长和优势。通过篮球比赛活动，可以培养学生的团结协作精神，同时也能让学生在比赛中感受到团队合作带来的快乐与幸福，从而提高学生对体育课程学习的兴趣。总之，高职院校在开展体育教学时应不断创新教学方法与手段，通过开展丰富多彩的体育活动来激发学生对体育学习的兴趣，同时也要加强对学生身体素质和体育技能的指导，从而提高高职院校体育教学质量。

（二）培养学生团队合作意识

在体育教学中，教师应注重培养学生的团队合作意识，让学生形成团结互助、积极向上的思想观念。例如，在进行篮球教学时，教师可以

采用小组合作学习的方式，将班上同学分成不同小组，每组 4~5 人。教师也可以让学生自行分组。在篮球比赛过程中，学生要互相配合，要有良好的团队合作意识。同时，学生在比赛中还要注意自己的行为举止和战术安排，做到既要赢得比赛，又要避免犯规。

在排球比赛中，教师可以让学生按照自己的意愿进行分组。在比赛过程中，学生要认真观察对方的发球、接球和抢球等动作细节并思考其目的与作用。通过这种方式开展排球教学活动后，学生之间会互相帮助、互相学习，共同提高技能水平。

在体育教学中，教师应培养学生养成运动习惯，让学生认识到体育锻炼的重要性，让学生自觉地进行体育锻炼。教师应保证学生有充足的时间进行体育锻炼。此外，教师还应在体育教学中加入科学健身的内容，让学生在运动过程中获得快乐，从而增加对体育运动的兴趣。在培养学生运动习惯的过程中，教师应制订合理的训练计划与方法，并对学生进行科学的训练和指导，让学生养成良好的运动习惯。

第五章　高职体育教学实践研究

第一节　实施项目化教学的研究案例

项目化教学是在高职体育教学中运用现代教育理念、教育技术、教育方法和评价方法，根据高职院校体育教学的内容和要求，以学生为主体，以学生的发展为根本，以实现体育教学目标为目的，从项目实施的内容、过程、评价等方面开展的一种教学方式。项目化教学具有以下特征：突出以人为本的教育思想，强调教师的主导地位和学生的主体作用，重视学生个性差异和潜能发展，具有较强的实践性和开放性。

一、研究目的

在我国，职业教育是培养高技能人才的主要渠道，具有"就业导向"的特征，职业院校为社会培养了大量的高技能人才。近年来，随着国家对职业教育重视程度的提高，国家对高职院校提出了"以就业为导向"的发展战略。在教学内容设置上，高职院校体育课程从高职学生的实际出发，教学内容既要考虑学生职业岗位要求和就业需要，又要考虑学生未来职业生涯发展的需要，所以要注重学生职业能力和素质的培养。

为了顺应职业教育发展的趋势，积极响应国家对高职院校提出的"以就业为导向"的教学改革要求，我们从 2010 年开始就积极进行高职体育教学改革的研究与探索。我们采用文献资料法、问卷调查法、观察法、访谈法等研究方法对项目化教学进行了初步探索，通过多年来在体育课程中实施项目化教学实验研究，初步总结出项目化教学的实施方法。希望通过本课题的研究，能在理论上丰富和完善高职体育教学的内容，提高体育课程质量；在实践中提升学生综合职业能力，增强学生就业竞争力。

（一）项目化教学符合高职体育课程改革的要求

我国高职教育发展很快，但在体育课程改革方面，还存在一些问题，如教学内容安排不合理、教学方法落后、教学评价过于简单等。项目化教学就是根据高职学生的特点，采用项目化的教学方法，引导学生通过完成一个或几个项目来学习和掌握某一体育技能，以实现终身体育的目标。项目化教学将理论知识与实践相结合，引导学生主动参与，努力做到在游戏中学习和掌握运动技能。我们认为项目化教学具有以下四个方面的优点。一是能让学生在运动中体验、感受体育活动的魅力。在一个项目的学习中，学生不仅能学到某一体育运动项目的技术与技能，还能体验到某一体育活动项目的乐趣，培养锻炼兴趣和习惯。二是能激发学生的学习动机和学习兴趣。以竞技类体育项目为例，如篮球、排球等项目都有其竞技的特点，在课堂上让学生通过观看视频、比赛、讨论等形式学习运动技术动作，既能激发学生的运动兴趣又能增强学生的竞争意识。三是有助于学生掌握体育知识，提高运动技能。体育活动与竞技运动都要以身体活动为基础。高职体育教学项目化教学打破了传统课堂教学中教师单一传授知识的模式，从以"教"为主转向以"学"为主，让学生在学习中掌握体育技能，在体育活动中体验运动的乐趣。四是有助于提高学生的创新意识和能力。在教学中强调知识、技能和方法的传授与学习并重。一方面把知识和技能融合于具体的项目之中，让学生在掌握技术的同时还能了解一些相关理论知识；另一方面充分发挥学生学习的主动性，把课堂交给学生。这种教学模式可以激发学生主动学习体育知识、技能和方法，增强自主创新意识和能力。

（二）项目化教学有利于培养学生的综合职业能力

高职体育教学是学生职业能力形成的重要载体，是培养学生综合职业能力的有效途径。项目化教学可以提高学生的体育技能、学习能力、创造能力和职业素养；可以让学生在学习体育项目的过程中，了解社会体育的基本知识，掌握体育项目的基本技术和技能，培养学生团队合作精神和创新意识，可以让学生在体育项目练习的过程中掌握学习方法和自我锻炼方法，培养学生良好的心理素质，提升学生就业竞争力；可以让学生了解社会对体育人才的需求趋势，从而树立正确的体育观念和终身体育意识，可以培养学生终身锻炼身体的习惯和能力；可以让学生在学习中自主选择喜欢的运动项目，通过不断地尝试和训练，培养他们不怕吃苦、坚持不懈、团结合作、永不放弃、积极向上的精神。

（三）项目化教学有利于促进学生终身体育观念的形成

随着我国经济建设的快速发展，各行各业对从业人员的身体素质要求越来越高。传统的体育教学以提高学生身体素质为主要目标，忽视了对学生终身体育观念和体育能力的培养。项目化教学是以学生为主体，以项目活动为载体，强调学生在活动中学习，在学习中锻炼。项目化教学不仅能有效提高学生身体素质，增强其心理健康水平，还能使其形成终身体育的观念。项目化教学可以培养学生自主学习能力，让其学会分析问题、解决问题，提高其组织、协调等方面的能力；同时培养学生勇敢、顽强、果断的性格，吃苦耐劳、团队协作的精神和品质。他们在以后的工作岗位上，无论从事何种职业都能很好地适应新形势下对劳动者素质提出的要求。

（四）项目化教学有利于提高学生就业竞争力

传统的高职体育教学无论是从课程设置还是教学方法上，都是以教师为中心，强调对学生进行知识和技能的传授。这种教学模式导致学生体育知识的获得是零散的、孤立的、不连贯的，学生缺乏对体育学习进行整体规划的意识，难以对体育学习形成整体的把握。而项目化教学以学生为主体，在教学中采用多种学习方法与手段，把单个学习项目或几个学习项目有机地组合起来，实现学习内容、方法、手段的整合，并将教学内容由理论知识向实践技能转化，通过教师示范和学生独立练习来完成整个项目训练。项目化教学打破了传统教学中以教师为中心的束缚，教师不再是知识和技能传授者，而是学生自主学习、自主探索、自我完善、自我提高的引导者和组织者。教师在体育教学中主要是进行启发式指导、示范式讲解，学生积极主动地进行知识和技能的学习和实践。这种学习方法与模式更加符合高职学生在职业生涯发展中所需要的主动学习能力。此外，项目化教学改变了传统体育课程以传授体育知识和技能为主的模式，提高了学生在实践中运用知识和技能解决问题的能力和创新能力。

通过实施项目化教学改革后，我们对学生进行调查发现：

（1）学生在体育学习过程中更加明确自己的职业生涯规划目标。通过体育课程项目化教学改革后，学生们不仅更好地掌握了体育运动技能和知识，还更加明确自己的职业生涯规划目标。

（2）学生在体育课程学习过程中积极主动参与各种体育活动，锻炼了身体、磨炼了意志，培养了团队合作精神和竞争意识。

（3）在体育运动项目中通过主动体验、不断挑战自我，实现了自身价值，在实践过程中不断地运用知识和技能解决问题，从而增强学生的自信心、责任感和使命感，培养了学生克服困难、战胜自我、敢于挑战自我、积极主动参与社会生活的能力。

二、项目化教学案例

（一）研究对象

本研究以项目化教学为载体，以提高学生综合能力为目的，从 2018 级、2019 级各专业中选取体育选修课和课外活动小组的学生，采用随机对照实验的方法，将其分为实验组和对照组各 15 人。实验组采用项目化教学，对照组采用传统教学法。实验前后分别进行身体素质、运动技能、运动心理指标、团队合作能力等方面的测试与调查。实验前对两个班的学生进行了基本情况调查，了解学生的身体健康状况、兴趣爱好及个性特征。两个班共有学生 120 人，其中实验组女生 50 人（来自材料与冶金系、电子工程系），男生 50 人（来自机械工程系、电子工程系）；对照组女生 40 人（来自材料与冶金系、电子工程系），男生 40 人（来自机械工程系、电子工程系）。两个班各分为两个教学班级，实验时间为 3 个月。

（二）研究方法

（1）文献资料法。查阅有关高职体育项目化教学的相关文献，了解目前国内外高职体育项目化教学的现状及发展趋势，并进行分析和比较，为本研究提供理论依据。

（2）问卷调查法。通过对学生的问卷调查，了解学生对项目化教学的接受情况。调查内容包括学习动机、学习兴趣、体育锻炼动机等。

（3）逻辑分析法。对所搜集到的资料进行整理和分析，从中找出规律，提出理论依据。运用归纳、演绎、对比分析等方法，对所搜集到的资料进行分类归纳和比较，从而得出科学、准确、可靠的结论。

（4）访谈法。通过与一线教师沟通交流，了解项目化教学实施过程中的具体情况。

（5）统计分析法。对调查问卷和访谈记录进行整理、分析，为研究提供客观依据。

（6）观察法。对项目化教学实施过程中的情况进行观察记录，获取第一手资料。

（7）经验总结法。对体育项目化教学的实施过程进行总结，并提炼出项目化教学实施过程中的经验和教训。

（三）研究内容

（1）把教师传授的理论知识、技能技巧转化为学生能接受的具体项目，并为项目编制标准，将其细化为一个个具体项目。

（2）教师根据学生的具体情况设计不同的学习任务，让学生通过完成一个个具体的项目来掌握知识和技能。

（3）以学生为主体，以教师为主导，学生通过自主学习、合作学习、探究学习等方式掌握知识和技能。

（4）通过以任务驱动为主导，学生自主选择学习内容和学习方式，并进行合理的评价，促使学生在学习中发现问题、提出问题、分析问题、解决问题。

（5）把知识、技能与职业能力有机结合起来，培养学生适应社会发展的能力，为今后从事体育教学工作和社会工作打下坚实基础。

（四）研究指标

（1）学生体育锻炼的积极性。项目化教学可以将课堂教学与课外体育锻炼相结合，有针对性地设计学生感兴趣的体育锻炼项目，对提高学生参与体育锻炼的积极性有一定作用。

（2）学生对体育教学的满意度。项目化教学让教师和学生都能从枯燥、乏味的课堂教学中解脱出来，充分发挥各自的主观能动性，从而提高课堂教学的效率和学习兴趣。

（3）学生学习成绩和运动能力。项目化教学能够通过教师与学生间的相互交流，促使学生在课外和课余时间里加强对运动项目的学习，提高运动技能，从而提高身体素质。

项目化教学让学生在运动实践中获得锻炼，掌握运动技能和方法，学会自主学习和合作学习。在学习过程中通过教师指导和同学间互助，增强了学生自主学习、合作交流和组织管理能力。另外，项目化教学还可以培养学生独立思考、敢于创新的精神。

三、教学内容

项目化教学是把职业岗位所需要的各种能力和知识，以项目为载体进行传授，在完成项目的过程中，通过学生的自我学习、自我锻炼，最终达到提升能力和素质的目的。所以教学内容要根据项目化教学的要求进行选择。

教师要根据学生未来职业岗位的需求和特点，综合考虑学生对体育项目技能的兴趣、爱好、特长等，选择符合高职体育教学特点的教学内容。

在高职体育课程中，主要是以三大球为主，篮球、排球、足球这三项运动是最基本、最普及、最受学生欢迎的运动项目。因此，在高职体育课程中可结合学生身体素质和爱好选择篮球、排球、足球这三项运动作为主要内容。学生也可以根据自己的爱好选择自己喜欢的运动项目进行学习。

（一）根据学生身体素质和兴趣特点，选择运动项目

学生的身体素质包括速度、力量、耐力和灵活性四个方面，根据这四个方面的特点，结合高职院校学生的兴趣，选择适合学生学习的运动项目。比如高职院校学生比较喜欢足球，并且男生在足球方面表现更为突出，所以在高职院校体育课中，足球项目就成为主要教学内容之一。

篮球项目主要是通过身体练习和技能训练来提高学生身体素质的项目，篮球运动包括运球、传球、投篮等技术，在教学中要以培养学生的篮球基本技能为主，同时结合篮球的比赛规则、战术和裁判法等方面的知识进行教学。但是由于学生的身体素质、兴趣特点不同，教师在选择教学项目时要有所侧重。在高职院校中篮球运动比较普及，并且男生是篮球运动中的主力军，教师可以选择三分远投、上篮、罚篮、快攻等项目作为教学内容。

另外，由于大部分女生在身体素质方面相对比男生弱一些，所以在教学内容上要以女生比较喜欢的排球作为教学内容。在体育教学中，教师可以让学生练习垫球、传球等基础动作和基本技能。

除了三大球类项目外，高职院校体育课还应该有游泳和羽毛球项目。因此教师应该根据学生对游泳、羽毛球感兴趣程度来选择相应的教学项目。对于身体素质相对较差的学生，教师在选择运动项目时要以耐力为主、速度为辅的原则来选择适合学生的运动项目，例如，可以选择慢跑、长跑等。另外，女生普遍喜欢舞蹈和健美操，所以体育教师可以选择舞蹈和健美操作为教学内容。

（二）根据高职院校学生未来职业岗位所需能力和知识结构确定运动项目

高职院校学生未来职业岗位所需能力和知识结构，主要包括专业理论知识和职业技能两个方面。专业理论知识主要指在某个职业领域所需要的各方面的知识，如法律法规、职业道德、行为规范、安全防护等；职业技能主要指在从事某个职业岗位时所需要的各种技能，如语言表达

能力、沟通协调能力、组织管理能力等。根据高职院校学生未来职业岗位所需能力和知识结构，可以确定以下运动项目。

（1）运动技能类项目。这类项目主要是完成一个或几个既定的任务，比如在规定时间内跑完 100 米，可以锻炼学生的执行力。

（2）管理类项目，如排球、足球等。这类项目主要是通过组织和管理一个团队来完成某项任务，可以培养学生的组织管理能力。

（3）健身类项目，如体操、武术等。这类项目主要是通过身体锻炼提高学生的身体素质，增强学生的体质。

（三）结合本班实际情况，选择合适的运动项目

在选择教学项目时，除了要考虑学生的兴趣爱好、高职院校学生未来职业岗位的需求和特点，还要结合本班实际情况。篮球是高职院校学生比较喜欢的运动项目之一，一般高校都会开设篮球课，但是部分学生不喜欢打篮球，主要是因为一些技术动作比较难掌握。对此，教师可以采用分组比赛或者集体比赛等方法激发学生的学习兴趣，提升其竞争意识，同时也要注重培养学生的团队合作精神。在进行篮球教学时，教师可将学生分成两队，每队 10 人，让两队进行传球比赛。通过这样轻松、简单的练习，学生不仅可以掌握基本的篮球技术动作和技能技巧，也培养了他们的团结协作精神，对他们以后走上工作岗位能起到很好的作用。

第二节　利用多媒体技术的教学实践研究

随着新课程改革的不断深入，多媒体教学技术已经在高职体育教学中得到了广泛的应用。多媒体技术能将复杂抽象的知识简单化，帮助学生更好地理解和掌握体育知识。但是，在高职体育教学中，教师往往会忽视对多媒体技术的利用。教师应当充分发挥多媒体技术的优势，改正传统教学模式的不足，丰富教学方法和手段，提高学生学习的兴趣和积极性。同时，教师也应当注意在使用多媒体技术时要遵循一定的原则和方法。本章对高职体育利用多媒体技术进行教学实践进行研究分析，并提出几点建议，希望能为高职体育教师提供参考。

一、应用多媒体技术的必要性

多媒体技术的应用已经成为当今时代教育教学改革的重要内容之一，它在高职体育教学中的应用对于提升教学质量，提高学生学习效率，丰富课堂教学内容等都有重要作用。多媒体技术与体育课程融合能够让体育教学变得更加生动形象，学生也更容易接受，更有利于培养学生的创新精神和实践能力。同时，多媒体技术还可以改变传统体育教学存在的不足，例如，教师的讲解过于抽象、学生注意力容易分散等问题都能得到有效改善。另外，多媒体技术还能有效调动学生的学习积极性，让他们积极参与到课堂学习中来。总之，多媒体技术在高职体育教学中的应用是十分必要的。

（一）有利于提升教学质量

多媒体技术的应用对于提升教学质量有很大的帮助。一方面，教师可以借助多媒体技术进行课前准备，对教材中的重点、难点、关键点进行说明，让学生在课前就可以了解自己不懂的地方；另一方面，教师还可以借助多媒体技术创设情境，让学生能够直观地感受不同动作要领之间的区别，比如教师可以让学生观看一些运动员比赛时的视频资料，通过多媒体播放运动员在比赛中的精彩瞬间，这样能够有效地激发学生学习体育的兴趣。

（二）有利于调动学生的积极性

传统的高职体育教学课堂一般都是教师一人在台上演示，学生在台下观看，这就很容易导致学生的注意力不集中，从而影响教学效果。而多媒体技术则能改变这一现状，教师可以通过多媒体技术将体育教学过程展现在学生面前，让学生感觉到体育学习是一种有趣的体验，从而更容易被吸引。同时，教师可以利用多媒体技术将一些抽象的内容转换为形象生动的画面，让教学内容更加形象直观。例如，在讲解篮球运动时，教师可以通过多媒体技术将篮球运动员灌篮的画面展现在学生面前。这样做能够让学生更直观地理解篮球运动的相关知识和技巧，还能激发学生对篮球运动的兴趣与热爱，从而提高学生的学习积极性。

二、教学内容的选择

高职体育教师在利用多媒体技术进行教学时，应充分考虑教学内容的选择，应选取符合学生实际情况和接受能力范围内的内容。由于多媒体技术具有形象、直观等特点，能够将一些抽象的体育知识呈现出来，帮助学生理解和记忆。因此，教师在选取教学内容时要结合学生实际情况，充分考虑学生的年龄特征和接受能力。

在高职体育课堂教学中，教师可以充分利用多媒体技术的优势，合理安排课堂内容，将枯燥的理论知识和动作技能转化为生动、有趣的教学素材，让学生在轻松、愉悦的氛围中学习体育知识。此外，教师还可以通过多媒体技术将一些复杂、抽象、枯燥的体育知识转化为生动、有趣、直观的教学素材。例如，教师可以将篮球技术动作分解成多个部分，并用动画的形式展示出来。这样既可以吸引学生学习体育知识和运动技巧，又可以提高学生对体育知识和运动技巧的理解和记忆。

三、多媒体教学的优势

多媒体技术是现代科学技术发展的产物，具有容量大、速度快、表现力强等特点，是传统教学手段所不具备的。多媒体技术不仅能将体育教学中一些抽象的概念具体化，还可以将一些复杂的动作分解成一个个简单的步骤，提高学生的学习兴趣。同时，教师可以通过多媒体技术进行多种形式的教学，比如利用多媒体技术展示各种动作或演示某一个具体动作，通过让学生观看录像或者图片等方式来加深学生对所学动作的印象。

（一）丰富体育教学内容

多媒体技术能够将很多文字、图像、声音和动画等信息融合在一起，使教学内容更加生动。体育教学中有些动作比较复杂，不是一两句话就能讲清楚的。比如一些球类运动和体操中的一些动作，如果教师仅凭语言讲解很难让学生理解和掌握，多媒体技术能将这些复杂的内容变得生动形象，便于学生理解和记忆。

（二）提高体育教学质量

在传统体育教学中，教师通常会选择一些枯燥无味、技术难度较大的动作进行讲解和示范，这使得一些动作在学生面前无法具体展现，只能通过教师自己摸索来教学，这样不仅浪费了大量的时间和精力，还不利于提高学生对体育课程的学习兴趣。但是利用多媒体技术进行教学时，教师可以选择一些技术难度较低、比较容易掌握的内容进行讲解和示范。这样不仅有利于提高学生对体育课程的学习兴趣，还能减少学生在练习时所遇到的困难和危险，有利于提高学生学习体育课程的自信心。

（三）提升学生学习兴趣

培养学生的学习兴趣和自信心是体育教学的重要目标。在传统体育教学中，教师讲解一些技术难度较大的动作时，学生无法真正理解和掌握，甚至会降低学生对体育课程的学习兴趣，也不能减少和降低学生在练习时所遇到的困难与危险。但是利用多媒体技术教师可以将复杂的动作分解成一个个简单的动作，让学生更易于学习和掌握，从而提高学习兴趣。

（四）拓宽学生视野

在传统体育教学中，教师通常依靠口头讲解和亲身示范来传授知识和运动技能，缺乏多媒体技术的运用。通过引入多媒体教学资源，如视频、动画等，可以生动地展示体育动作和技巧，激发学生的学习兴趣，提升他们的学习体验。这种创新的教学方式不仅能够丰富课堂内容，还能够拓宽学生的视野，有助于提高他们对体育课程的自信心。

（五）激发学生学习动力

通过多媒体技术，教师将一些复杂或者危险性较大的动作分解成一个个简单的动作，让学生在练习时能够逐步完成动作，从而提高他们对体育课的学习动力。

（六）促进师生互动

在传统体育教学中，教师通常会将自己扮演成一位"导演"，将每一个教学环节都安排得井井有条，只需要按照步骤进行教学即可。这种教学模式虽然能够保证教学进度和精度，但无法满足学生不同层次的需求。在利用多媒体技术进行体育课程教学时，教师可以让学生多参与互动，从而了解他们的学习情况。

（七）强化实践锻炼

教师可以利用多媒体技术展示一些体育竞赛中的视频或图片等，让学生对相关内容进行观察和学习。同时，教师还可以利用多媒体技术展示一些体育竞赛的规则、动作要领等，让学生通过观看视频了解和学习相关内容。这样不仅有利于学生对知识的理解和掌握，还有利于提高学生的实践能力和综合素质。

总之，教师在利用多媒体技术进行体育教学时，应充分发挥多媒体技术的优势，通过图片、动画等形式将复杂的体育知识展示给学生，让学生对体育知识有更好的理解和记忆，让学生更好地学习和掌握体育知识和技能。

四、多媒体技术运用应遵循的原则

（一）适量原则

适度是多媒体技术应用的关键，教师应当根据教学内容和学生实际，在保证教学目标实现的前提下，适度运用多媒体技术。教师应根据学生的认知规律和学习心理，科学合理地控制多媒体技术的应用时间和次数，避免多媒体技术使用过量。例如，教师在讲解篮球比赛规则时，可以将其制作成视频课件，以便让学生更好地理解和掌握规则。但是，教师应当注意不要长时间播放视频课件，以免引起学生的反感和疲劳感，影响教学效果。

（二）明确原则

明确原则是指在多媒体技术运用过程中要做到目的明确、任务明确、重点明确、步骤明确。高职体育教师应充分认识到多媒体教学的重要性和必要性，在教学过程中发挥多媒体技术的优势。教师应当根据教学目标和教学内容，选取适宜的多媒体教学方式方法，在设计教学方案时要突出重点、突破难点。在运用多媒体技术进行教学时，教师应当根据学生实际情况确定教学目标和内容，并根据学生实际情况选取适宜的学习方法。此外，高职体育教师还要明确多媒体技术在体育教学中的作用和地位。

（三）动态原则

动态原则是指在运用多媒体技术进行教学的过程中要做到动静结合、张弛有度。在讲解某一项技能时，教师可以将其制作成动画课件或视频文件播放给学生看,让学生更加直观地理解和掌握动作要领和技巧。在讲解某项运动时，教师可以采用动画演示的方式让学生对运动原理和技巧有更加深刻的理解。

五、小结

综上所述，多媒体技术应广泛地应用于高职体育教学中，这样能有效提高体育教学的质量和效率。在高职体育教学中运用多媒体技术，教师应当注意以下两点：一是要从学生的实际出发，合理地选择和设计多媒体课件；二是要注重多媒体教学与传统教学方式的结合，发挥各自的优势，达到优势互补。

同时，教师还应当注意：第一，利用多媒体技术进行体育教学时要合理、适度地使用；第二，要处理好教师与学生之间的关系；第三，要积极发挥教师在多媒体技术运用中的引导作用；第四，要注意多媒体技术运用中的安全问题。教师应当充分发挥多媒多技术的优势，提高学生学习体育知识的积极性和主动性，提高体育教学质量和效率。

第三节　运用游戏化教学法的研究成果分享

游戏化教学法是以学生为主体，根据学生的心理特点和学习规律，采用多种教学方法，把游戏贯穿在体育教学的各个环节，把学习内容和游戏融合在一起，让学生在快乐中掌握体育知识、技能和方法的一种新型教学模式。

一、研究背景

我国目前在职业教育方面的体制改革中，对高职教育的改革也是非常重视的。2005 年，国务院发布了《关于大力发展职业教育的决定》，这份决定对职业教育提出了明确要求，职业院校要创新人才培养模式，在加强文化课教学的同时，大力加强专业课教学，要积极开展校企合作、工学结合等多种形式的人才培养模式。①

在国家政策的指引下，高职院校在课程设置方面进行了改革。在课程设置中，体育课也是不可忽视的一个重要内容。因为体育课对学生来说具有非常重要的意义，学生通过体育课能够锻炼身体、增强体质；同时还能够培养集体观念，以及团结协作、吃苦耐劳、永不放弃等良好品质。

但是目前高职院校体育课程面临着教学内容单一、学生积极性不高等问题，导致体育教学效果不理想。所以高职院校必须要改变传统的教学模式，采用新的教学方法，提高体育课堂教学效率，促进学生健康成长和全面发展。游戏化教学法是以培养学生学习兴趣为基础，在传统体育教学过程中融入游戏化元素，激发学生的积极性。因此，游戏化教学法是目前高职院校体育教学改革的重要手段之一。在高职院校体育课堂

---

① 国务院关于大力发展职业教育的决定[EB/OL]．（2005-10-28）[2021-10-03]. https://www.gov.cn/gongbao/content/2005/content_129495.htm.

教学中运用游戏化教学法能够增强学生对体育课的兴趣和热情，从而达到提高教学质量，培养学生综合能力，提高学生综合素质的目的。

（一）研究目的

在高职院校中，目前的体育教学内容比较单一，学生的兴趣和热情不高，教学质量不理想。在传统体育教学过程中，教师多采用讲解、示范的方式进行课堂教学，这种教学方式往往导致学生在上课过程中处于一种被动状态，教师不能很好地引导学生自主学习。因此，高职院校体育教学改革势在必行。游戏化教学法能够激发学生的学习兴趣和热情，提升体育课堂教学质量。因此高职院校需要重视体育课堂教学改革，将游戏化教学方法融入课堂教学过程之中。本节以高职院校中的体育课程为例，探讨游戏化教学法在高职体育课程中的具体应用方法和策略，希望能为其他高职院校体育课程改革提供参考。

（二）研究意义

为更好地了解高职院校学生的体育学习情况和兴趣爱好，本研究通过问卷的形式，对部分学生进行调查，调查内容包括学生的基本情况、学生对体育游戏的认识及体育活动参与动机。我们共发放问卷 160 份，收回有效问卷 140 份。同时通过选取 2022 级的 120 名学生，随机分成实验组与对照组，实验组采用游戏化教学法进行教学，对照组采用传统教学法进行教学。

在体育教学过程中，教师应根据学生的特点和学习兴趣，把游戏化教学方法融入课堂教学中，从而提高高职体育教学效果，促进学生全面发展。在高职体育教学过程中运用游戏化教学法能够有效地激发学生学习兴趣，调动学生学习积极性，促使学生从被动学习变为主动学习。游戏化教学法的融入能够让学生感受到体育课堂的乐趣，从而达到提高课堂教学效率的目的。高职院校的体育课程是培养高素质专业型人才的重要保障，为了更好地满足新时代高职教育的发展要求，高职院校应该从实际出发，转变传统的教育观念和模式。只有这样才能够更好地适应当前社会发展对人才素质提出的要求，培养出更多符合社会发展所需要的高素质专业型人才。因此，我们通过分析高职体育课堂教学现状以及游戏化教学法在高职体育课堂中应用的优势，进而探究在高职体育课堂中应用游戏化教学法的策略。

二、理论依据与现实需要

根据调查发现，在高职院校中大部分学生的学习兴趣不高，他们对体育课有一定的抵触情绪。教师在教学过程中，可以把游戏化教学法运用到体育课堂上，让学生在学习过程中更加轻松愉悦，激发他们的学习兴趣。这样不仅提高了课堂效率，而且还提高了学生学习体育的兴趣。

在调查研究中发现，高职院校中的学生对体育课堂不感兴趣的主要原因是他们觉得体育课程枯燥无味。游戏化教学法的运用可以有效地改善这一状况。教师可以根据学生的身体素质、学习能力、学习习惯等，选择适合自己班级学生特点的游戏进行教学，让学生在游戏中学会体育知识和技能。另外，教师在教学过程中要注重与学生的互动交流，建立良好的师生关系，营造轻松愉快、和谐融洽的课堂氛围，让学生在快乐的氛围中学习体育知识和技能。

（一）游戏化教学法的理论依据

1. 现代认知理论

随着人们生活水平的不断提高，人们对生活质量的追求也越来越高。为了让自己的身体更健康，人们对体育锻炼越来越重视，但是我国体育教学的现状不容乐观，部分高职院校体育课程存在着学生不爱学、教师不会教的现象。针对这一现象，不少学者提出了"快乐体育"的观点，认为在教学中要让学生快乐学习，这样才能让学生在学习中得到锻炼，提高他们的身体素质。同时，教师还应发挥游戏的作用，让学生在游戏中得到锻炼。

2. 建构主义学习理论

建构主义学习理论强调，学习者不是被动地接受知识，而是积极主动地建构知识。在教学过程中，教师要调动学生的积极性和主动性，让学生在轻松愉悦的氛围中自主地去学习知识。同时，教师要发挥主导作用和与学生之间的相互促进作用，让学生通过自主学习来建构自己的知识体系。

3. 布鲁纳教学论

布鲁纳认为，学习是一个主动构建的过程。在教学过程中，教师应将知识传授给学生，让学生通过自己的努力获得知识。

4. 新课程标准

高职院校新课程标准提出要转变传统教学观念，创新教学模式，改进教学方法。这就要求教师在教学过程中采用科学、合理、有效的教学方法来提高课堂效率和质量。游戏化教学法可以充分发挥教师的引导作用和学生的主体作用，让学生在轻松愉悦的氛围中掌握体育知识和技能，提高他们的学习兴趣。教师在教学过程中也可以采用多种教学方法和手段来进行体育知识和技能教育，从而促进学生全面发展。

（二）游戏化教学在高职体育课堂上的实践

在高职体育课堂教学中，教师要根据学生的特点和教学内容选择合适的游戏，让学生在轻松愉悦的氛围中学会体育知识和技能。比如在篮球课上，教师可以选择"篮球接球"这一游戏，让学生通过投篮的方式来学习篮球技能。教师也可以组织学生进行分组比赛，让学生之间进行良性竞争，让他们在比赛中相互帮助和鼓励。这样不仅能活跃课堂气氛，而且还能让学生体会到团队合作的重要性。游戏化教学法能够让学生在课堂上学习到体育技能的同时，也锻炼了合作能力和团结意识。通过这一教学模式，可以提高高职体育课堂教学的效果。

高职学生正处于青春期，心理上比较敏感，在课堂上很容易出现烦躁、焦虑等情绪。为了解决这一问题，教师可以运用游戏化教学法，让学生在玩游戏的过程中感受到快乐，让他们的注意力集中到课堂上，并积极参与到学习中。在比赛开始前，教师可以告诉学生们规则：三分钟内投进一次算一分，比赛结束后教师统计得分，投进五次就算一场胜利。通过这一方式可以活跃课堂气氛，让学生积极参与到课堂活动中。

三、研究方法

（1）文献资料法。本研究广泛收集关于体育教学游戏化的理论知识和经验，并以此为基础进行分析、整理和总结，同时搜集与体育游戏化教学相关的国内外文献资料，为本研究提供丰富的理论支撑。

（2）问卷调查法。为更好地了解高职院校学生的体育学习情况和兴趣爱好，本研究以问卷的形式，对部分学生进行调查，调查内容包括学生的基本情况、学生对体育游戏的认识及体育活动参与动机。共发放问卷 160 份，收回有效问卷 140 份。

（3）实验法。实验对象为 2022 级的 120 名学生（男生 50 名，女生 70 名），随机分成实验组与对照组。实验组采用游戏化教学法进行教学，对照组采用传统教学法进行教学。两组学生都采用同一教材内容，在授课前对两组学生分别进行测试，测试成绩作为对比的标准。

（4）数理统计法。为确保研究结果的真实性、准确性和可靠性，我们对实验数据进行了整理分析。

（5）逻辑分析法。为了深入探讨游戏化教学法在体育教学中的应用效果，本研究以"高职院校体育课程游戏化教学"为主题，对研究结果进行了逻辑分析。

四、结论与建议

本研究选取实验组与对照组共 120 名学生作为研究对象进行对比分析。通过实验前后对两组学生测试成绩分析可以看出，实验组学生在学习体育知识技能方面与对照组学生相比有显著差异（$P<0.05$），而在体育游戏的应用上，两组学生之间没有明显差异（$P>0.05$）。

（一）结论

（1）通过对体育游戏化教学法的研究，了解其在高职院校体育教学中的重要性。体育游戏化教学法符合学生的生理和心理特点，能够激发学生学习体育知识与技能的兴趣，能有效提高学生参与体育锻炼的积极性。

（2）通过对高职院校体育教学中采用游戏化教学法进行分析，了解游戏化教学法的特点，掌握游戏化教学法在高职院校体育教学中运用的基本程序。

（3）通过对高职院校体育教师进行调查研究发现，教师在高职院校体育课堂上采用游戏化教学法可以让学生更好地掌握体育知识和技能。

（4）在高职院校开展游戏化教学时，应注意以下几个问题：第一，教师要对游戏进行合理设计；第二，教师要选择合适的游戏；第三，教师要制定合理的评价机制；第四，教师要对学生进行有效引导。只有这样才能使游戏化教学法在高职院校体育课堂上更好地发挥作用。

（二）建议

1. 结合实际，兼顾学生的全面发展与个性发展

在教学过程中，教师应该以学生为主体，调动学生学习的积极性和主动性，坚持以生为本的教学理念，应以学生的学习兴趣和个性差异为出发点，遵循学生身心发展规律和特点，将学生的全面发展与个性发展相结合，不同水平的学生采用不同的教学方法和教学内容。首先，在教学内容方面，教师应该根据学生的实际情况合理安排教学内容，突出体育技能的实用性与针对性。其次，在教学方法上，教师要根据学生的特点合理设计教学方法。如游戏化教学法能够满足高职院校体育课程的需求，具有趣味性、娱乐性等特点。在进行游戏化教学时，教师应该选择合适的游戏形式。例如，在进行足球课练习时，教师可以根据学生身体素质的差异性设计出不同难度、不同强度的运动项目。对于足球速度、力量的训练可采用速度跑、短距离跑等练习形式；耐力训练可以采用慢跑、中速跑等练习形式；技巧类则可采用传接球、脚触球、运球等练习形式。教师在进行游戏化教学时要注重培养学生的团队精神和协作能力，通过游戏化教学法提高学生参与体育活动时的合作能力和竞争意识。在开展游戏化教学时教师可以为学生创设良好的学习环境，充分调动学生的学习兴趣和积极性。例如，在进行篮球练习时，教师可以设置

一组投篮比赛，让每个小组选出一位投手并指定投篮方向，由投手把球投进框内为获胜。这种游戏化教学能够激发学生对篮球运动的热情和兴趣。同时还能够提高学生之间的协作能力和团队精神。最后，教师还要对学生进行合理评价和总结，确保每个小组都得到充分发展和提高。

2. 提高体育教师队伍建设质量，促进体育教学质量的全面提高

要想提高体育教师队伍建设质量，就必须在学校中对体育教师进行专业培训，只有这样才能有效提高体育教师的教学水平，从而使学生获得更好的体育教育。因此，学校必须加强对体育教师队伍建设的重视程度。首先，学校在进行体育教育前，一定要制订科学合理、规范的教学计划。只有这样才能让学生更好地学习和掌握体育知识与技能。其次，学校还应该定期对体育教师进行培训，让他们能够有效运用教学方法。最后，学校要制定科学的考核评价机制，让教师将自己的工作能力更好地发挥出来。只有这样才能提高体育教师队伍建设质量，从而为学生提供更好的服务。

3. 明确培养目标，建立健全科学的人才培养模式

目前，我国高职院校的人才培养模式存在一些弊端，如以理论知识为基础的教育模式，学生学习过程中的被动性，学生只注重书本知识而忽略实践能力的培养，等等。这与我国高职院校对人才培养目标的定位不明确有很大关系。因此，要从根本上解决这些问题，必须建立健全科学的人才培养模式。人才培养模式是一种动态发展的教育模式，它可以根据时代发展、社会需求、教育自身规律和学生个体特点进行调整和变革。在高职院校实施游戏化教学法，必须明确人才培养目标，根据人才培养目标选择合适的教学内容。教师要从实际出发，针对学生的特点选择教学内容和教学方法，才能更好地完成教学任务。

4. 加强实践，注重学生创新能力的培养

通过实践，可使学生更好地理解教学内容，提高学生的创新能力。在体育教学中，教师要充分利用游戏化教学法，让学生在游戏中掌握体育知识和技能。例如，教师可以选择一些能够锻炼学生身体协调能力的游戏，让学生反复练习，使其身体协调能力得到提高。

五、小结

在研究中发现，体育游戏化教学法一方面可以帮助学生摆脱"厌学"的心理，激发学生的学习兴趣，培养学生积极参与运动的热情和团队协作精神，提高体育教学的质量；另一方面有利于培养学生体育锻炼的习惯，能够帮助学生掌握体育技能和动作的要领，提高运动技能。

研究还发现，游戏化教学法对于培养学生健康人格具有重要作用。教师不仅要教会学生运动技能，更要教会他们如何运用运动技能来解决实际问题，教师应该掌握游戏化教学法，在课堂上善于引导和组织，这样才能使体育教学发挥其应有的作用。总之，游戏化教学法能够增强学生学习的兴趣和积极性，促进他们全面发展。

本节主要是针对高职院校学生体育课中存在的问题展开研究，目的是提高体育课教学质量，培养高职学生健康人格和终身体育意识。它是一项系统、复杂的工程，需要从多方面进行深入研究，在高职院校实施游戏化教学法具有一定的现实意义。

第六章 高职体育教学评估与反馈

  高职体育教学评估与反馈是指在高职体育教学过程中，对学生的学习情况进行评估，并及时给予反馈的过程。评估是了解学生学习情况的手段，反馈是针对学生学习情况提供指导和改进的措施。高职体育教学评估与反馈的目的是帮助学生发现自己的学习问题，及时调整学习策略，并进一步提高学习效果。

  评估与反馈可以通过多种方式进行，包括考试、实践操作、观察记录等。评估内容涵盖学生的体育知识掌握情况、技能运用能力、身体素质等方面。评估结果可以通过成绩单、评语、学习报告等形式进行反馈，向学生传递学习情况和改进建议。同时，教师还可以通过与学生的交流和讨论，以及提供个别辅导和指导，帮助学生更好地理解评估结果，制订相应的学习计划。

  高职体育教学评估与反馈的重要性不言而喻。它可以帮助学生及时了解自己的学习情况，找到不足之处并加以改进。同时，评估与反馈也为教师提供了对教学效果进行评估和调整的依据，可以促进教学质量的提高。因此，高职体育教学中的评估与反馈应该得到足够的重视和合理的应用，有助于实现教学目标，促进学生全面发展。

第一节　教学评估的目的、内容、方法与标准

一、评估目的

体育教学评估是学校体育工作的重要组成部分，是体育教学管理的一项重要内容。在我国高职院校，对体育教学进行评估是由体育教研室或院系负责实施的，在评估过程中，为了取得良好的效果，必须严格执行评估标准。而在高职院校中，对体育教学进行评估有其独特的目的、方法与工具。高职体育教学评估的目的主要包括：提高学校体育教学质量，促进学生身心全面发展，满足社会对高素质技能型人才的需求。这就需要我们从高职体育教学的实际出发，结合学校、学生和社会的需求来构建一个完整的高职体育教学评估体系，以保证学校体育教学的正常进行。为此，笔者结合高职院校体育教学评估的实践经验，对高职院校体育教学评估的内容、方法与标准进行了初步探讨。

高职体育的教学目标主要是通过教学实践评估，对教学工作进行诊断，提出改进措施，促进体育教学质量的提高。高职院校的体育课程是根据一定的课程目标开设的，这些课程目标一般包括学生身体素质目标、运动技能目标、心理健康目标和社会适应目标等。其中，让学生掌握一定的运动技能是高职体育课程最基本、最重要的目标，学生在掌握一定运动技能的基础上，必须经过一个过程才能有更强健的身体素质。高职院校体育课程中所设置的运动技能目标主要包括：（1）基本技能；（2）专项技能；（3）基本战术。通过体育教学评估，可以看出学生基本技能掌握和专项技能掌握情况，从而进一步了解学生的身体素质水平和运动技能水平。我们还可以对学生心理健康水平和社会适应能力，以及教学内容、方法、手段、效果等进行评估。

二、评估内容

（一）教学过程

教学过程是高职体育教学评估的核心，它贯穿于体育教学的始终。因此，我们在进行高职体育教学评估时，需要充分关注教学过程。高职体育教学过程主要包括教师组织教学，学生参与课堂活动，以及影响教学活的各种因素，包括教学具体内容、教学方法和手段、教学组织形式、教学反馈、教学环境等。教学过程中的教师、学生、教学影响是教学评估的主要内容。

（二）教师教学效果

高职体育教学评估还可以评估教师的教学效果，包括教学方法的有效性、教学资源的利用情况、教学环境的营造等方面，可以帮助教师发现教学中存在的问题和不足，进一步改进教学策略，提高教学质量。

教学效果直接体现在学生对课程的满意度，主要表现为学生对体育课程是否感兴趣，学生在课程中是否学到了知识或技能，以及学生是否喜欢该门课程等。

（三）学生学习成果

通过评估高职体育教学，可以客观地了解学生在体育课程中所取得的学习成果，包括体能水平、运动技能、体育知识等方面的表现，帮助学校和教师了解学生的学习情况，为学生提供个性化的学习支持和指导。

（四）学校教学质量

通过对高职体育教学的评估，可以评估整个学校的教学质量，包括体育教学目标是否达到，教学内容是否符合要求，教学管理是否规范等，可为学校领导提供决策依据，促进学校体育教学的持续发展和提升。

三、评估方法

（一）比较评估法

比较评估法既适用于用不同的评估方法对同一对象进行对比，以确定其优劣程度，也适合对不同类型的对象进行对比分析，在教学评估中使用较多，如对教学水平、教学质量、教学效果等方面的比较。

（二）模糊综合评判法

模糊综合评判法是运用模糊数学的理论和方法，建立评估指标体系，对体育教学进行全面评价的方法。其主要步骤是：①根据体育教学实际情况和各项指标的重要程度，选择相应指标进行定性分析；②在各指标之间进行模糊运算，对结果进行定量处理；③将处理后的结果进行综合分析，以确定评估结果。

（三）多目标规划法

多目标规划法是由美国管理学家彼得斯于 20 世纪 80 年代初提出的一种新的系统设计方法，其核心是在目标、手段、环境、风险等因素之间寻求一种最佳组合以实现系统目标。这种方法比较适用于高职体育教学评估体系构建，主要步骤是：①建立评估指标体系；②确定目标；③对每个目标进行分析；④将各指标转化为相应权重；⑤进行排序和一致性检验；⑥对权重系数进行修正；⑦将修正后的权重系数作为评估值。这种方法在高职体育教学评估体系构建中应用较多，主要包括对教学质量、体育教学水平、学生学习效果的评价等。

1. 对教学质量的评价

教学质量评价是体育教学评估的重要组成部分，包括教学目标的制定与评价、教学过程的实施与评价、教学效果的评估三个方面。当前，高职体育教学质量的评价一般采用四级指标体系：一级指标为目标层，主要包括课程性质与设置、教学条件与设施、教学计划与课程内容、教学方法和手段、师资队伍建设、课程考核；二级指标为过程层，主要包括课程目标完成情况、课堂教学过程情况、课后作业情况等；三级指标为结果层，主要包括学生成绩及毕业生就业率；四级指标为基础层，主要包括课程建设质量、理论考核质量和毕业论文质量。

在高职体育教学质量评价中，根据评估指标体系的不同，可分为定性评估和定量评估两种方式。定性评估是对被评估对象的性质进行评价，包括课程性质与设置评价、教学条件与设施评价等；定量评估是对被评估对象的水平进行评价，包括课程目标完成情况、课堂教学过程情况和课后作业成绩等。

在高职体育教学质量评价中，对学生进行的问卷调查结果显示，"最满意"项目占 88.8%，"不满意"项目占 11.2%。可见大多数学生对体育教学质量都持满意态度。因此，对高职体育教学质量进行定量评估具有一定的可行性和现实意义。定量评估主要是通过构建高职体育教育评价指标体系并采用模糊综合评判法等对其进行综合评价。建立高职体育教育评价指标体系应遵循以下原则：①全面性原则，即选择的指标要涵盖高职体育教育的各个方面和环节，体现出高职体育教育的整体状况；②科学性原则，即所选指标要有较强的科学性和可操作性，能够反映高职体育教育工作的实际情况；③可操作性原则，即所选指标要能反映被评估对象的实际情况，可以通过实地调研和问卷调查等方式进行；④可比性原则，即所选指标要具有可比性，可以通过对比分析得到比较合理的结果；⑤相对性原则，即所选指标应具有一定的相对性，既不能过高也不能过低；⑥动态性原则，即所选指标要具有动态性，能反映高职体育教育工作不断发展和变化的特点。高职体育教育质量评价指标体系应由课程性质与设置评价、课堂教学过程评价、课后作业成绩评价、学生成绩与就业情况评价等 5 个一级指标和若干个二级指标构成。在构建高职体育教育教学质量评估体系时应针对不同专业设置相应二级指标并采用模糊综合评判法等对其进行评估。

2. 对教学水平的评价

体育教学水平评价是指对体育教学过程、内容和方法等方面进行的评价，其目的是为体育教学改革与发展提供可靠的依据。对于高职院校而言，体育教学水平评价主要包括两个方面：一是对学生身体素质的评价，主要是以学生体质测试结果为依据，通过对学生体质状况的了解，判断高职院校体育教学目标的实现程度；二是对学生运动技术水平的评价，主要根据学生运动技能学习情况和运动技术掌握情况进行评价。

通过建立体育教学水平评价指标体系，确定评估标准、权重和评价等级，可以对体育教学过程中出现的问题进行客观分析，为改进教学管理提供依据。这一评估体系主要包括四个方面：①教学目标的设置；②课程内容与教材的选用；③课程计划及其实施情况；④体育教师专业水平、素质与能力。以上四个方面构成一个有机整体，并各有侧重点。体育教学水平评价主要是通过对体育教师进行综合考评来反映。内容主要包括三个方面：①体育教师素质及业务能力；②体育教学组织管理能力；③课程实施情况。

3. 对学生学习效果的评价

高职体育教学目标是通过教学让学生掌握一定的体育知识和技能，使其形成积极身体锻炼的习惯和能力，养成良好的品质。学生学习效果评价是对高职体育教学效果的检验，通过评价可以发现教学中存在的问题，并为改进教学内容和方法等提供依据。学生学习效果评价是涉及多层次、多指标的综合评价，目前高职体育教学常用的评价指标包括：身体素质、体育知识和技能、运动技术、体育素养、心理品质和创新能力等。

四、教师教学水平评估标准

在我国，对高职体育教学的评估一般是从教学内容、教学方法、目的和内容四个方面进行。在具体评估过程中，可以根据需要对各项指标进行选择和调整。例如，在高职体育课程设置中，可以将大学体育课列为必修课，将运动解剖学作为选修课。在具体教学内容的设置上，可以根据实际情况进行调整。比如对于运动解剖学这门课的评估，可以将其作为必修内容，将运动解剖学中的相关知识和技能作为选修内容。

对体育教师教学水平的评估是体育教学评估中最重要的内容之一，

也是本节主要讨论的内容。对教师教育思想、教育态度、业务能力和教学水平等方面进行评估，可以反映出体育教师的专业素质；对教师在实际工作中表现出来的事业心、责任感和业务能力进行评估可以反映其工作态度和工作水平。

（一）教育思想

教育思想是指教师在教育实践活动中，对教学对象、教学内容和教学方法所持的根本观点，以及在此基础上形成的有关体育教学的总体认识和具体观点。高职体育教师应该具备以下四方面的教育思想。

（1）具有先进的教育思想，能够用科学的态度和方法对待体育教学。

（2）具有高尚的职业道德，能够忠于职守，以学生为中心，努力钻研业务，不断提高教学质量。

（3）具有丰富的教学经验和良好的个人修养。

（4）具有创新精神和自我完善意识。

在对高职体育教师进行评估时，首先要对其教育思想进行评估。教师所持的教育思想是否符合当代先进体育教学思想，是否能够积极主动地运用先进的教育理念来指导工作和学习，是评估其是否合格的重要标准。同时，还应该通过对其具体工作和教学实践情况进行评估来考察其在实际工作中是否能够不断地调整自己的方法、态度等，以提高业务水平。

（二）教育态度

教育态度是对教师的教学行为的评价，是对教师教学效果的判断依据。

（1）敬业精神。体育教师应该具有强烈的事业心和责任感，以高度的责任心对待本职工作，热爱自己所从事的事业，不轻易放弃自己所从事的事业。

（2）爱心和耐心。作为一名教师，有爱心是最基本的要求，它能促进学生身心健康发展。而耐心则是指教师能够耐心地对待学生，善于与学生沟通和交流，认真倾听学生的意见和建议。

（3）关心和尊重学生。每个学生都希望自己能够受到重视和尊重，只有感受到了这一点，他们才会积极主动地学习和锻炼，从而健康地成长。因此，教师必须关心和尊重每一个学生，认真对待每个学生。

（三）业务能力

业务能力是教师必须具备的一项基本素质，是衡量一名教师是否合格的重要标志。这一方面的评估内容包括：教师对体育教学知识和技能的掌握程度；教师对学生身体素质、运动能力等方面的教育指导能力；教师组织教学活动的能力和水平；教师对体育教学评估标准和方法的了解和掌握程度。具体来说包括：①是否对本专业（或本课程）基本理论、基本知识、基本技能有较深刻的了解；②是否有较强的教学组织能力；③是否有较高的思想政治觉悟和良好的职业道德修养；④是否有较强的体育科研能力以及分析和解决问题的能力，并具有一定的指导学生锻炼身体和开展课外体育活动的能力。

四、结论

如何科学地、客观地评价教师的教学能力和学生的学习效果，是高职体育教育面临的一个重要课题。通过对体育教师的教学评估，不仅可以发现教师在教学中存在的问题，还可以为体育教师提供改进教学的建议，帮助其提高教学水平和能力。此外，通过对学生的评估，能为其提供反馈信息，帮助其了解自己在学习过程中存在的问题和不足，从而有针对性地改进学习方法。总之，对高职体育教学进行评估既是教学管理工作的一项重要内容，又是促进高职院校体育教育工作顺利开展，提高学生身体素质和健康水平，培养学生终身体育意识和能力的有效手段。因此，我们必须认真研究并实施高职体育教学评估，不断完善和优化体育教学评估体系。以上对高职院校体育教学评估的目的、内容、方法与标准四个方面进行了初步探讨。我们相信随着我国社会经济体制改革进程的不断深化和高等职业教育改革的不断发展，高职院校体育教学评估工作将会取得更大的进步。

第二节 教学评估结果的分析与运用

体育教学评估是一种现代教学评价手段，其目的是了解学生对教学内容的掌握程度和学生学习时的情绪状况。通过体育教学评估可以发现问题，找出不足，提出改进建议。因此，在体育教学中，教师应充分利用评估结果，加强对学生学习态度和学习效果的了解，掌握学生对课程内容的掌握程度以及在体育课堂中的表现，以达到预期的教学效果。

一、研究对象与方法

（一）研究对象

对体育教学评估结果进行分析，目的在于找出教学中的不足，进而改进教学方法，提高教学质量。因此，对体育教学评估结果的分析和运用是对高职院校体育教学工作进行评价的重要内容。本研究以某职业技术学院 2018 级、2019 级、2020 级汽车运用与维修专业三个班的学生为研究对象。

（二）研究方法

本研究采用问卷调查法对学生进行体育教学评估，并辅以访谈法。我们对所发放的问卷进行了信度和效度检验，结果表明问卷具有良好的信度和效度。问卷结构合理、内容全面、题项严谨、可操作性强，采用 SPSS21.0 统计软件进行数据处理。在调查对象中，发放问卷 500 份，收回有效问卷 435 份，有 87.0% 的学生完成了调查，从内容来看，有 80.3% 的学生认为体育教学评估能够对自己的学习起到促进作用。

首先，对回收的数据进行描述性统计分析，运用方差分析法对数据进行正态检验；其次，采用相关分析方法对数据进行处理，分析体育教学评估与学生成绩之间的关系以及教学中存在的问题。

1. 描述性统计分析

在 435 份有效问卷中，平均得分为 3.77 分，最大值为 4.58 分，最小值为 3.01 分。其中，男生得分显著高于女生（t=-3.42, P<0.01）；大一学生得分显著高于其他两个年级（t=-3.49, P<0.01）；三个年级学生得分显著高于大二学生（t=-4.68, P<0.05）。从各项指标的统计结果来看，体育教学能够有效促进学生的身体素质发展和健康意识的形成。

2. 方差分析

对高职院校体育教学评估的结果进行方差分析，能够进一步了解高职院校体育教学评估的效果，进而为高职院校体育教学评估的改进提供依据。首先对三个班学生在三个维度上的得分情况进行统计分析。

（1）体能水平：通过对学生在体能测试项目上的得分情况进行统计分析，比如跑步成绩、跳远成绩、仰卧起坐成绩等，可以了解学生的整体体能水平，是否存在明显差异。

（2）运动技能：通过对学生在各种运动技能项目上的得分情况进行统计分析，比如篮球运球、足球射门、羽毛球发球等，可以了解学生在各项运动技能上的表现，是否有较大差距。

（3）体育知识：通过对学生在体育知识考核中的得分情况进行统计分析，比如规则知识、运动训练知识、运动心理知识等，可以了解学生对体育知识的掌握程度，是否存在明显差异。

3. 相关分析

相关分析是指在研究变量之间的相关关系时，运用简单相关分析方法对变量之间的相关性进行计算。用简单相关分析法对体育教学评估结果与学生成绩进行分析，即用学生成绩中的各项成绩与体育教学评估结果中的各项成绩进行简单相关分析，检验数据是否有相关性。结果表明：体育教学评估结果与学生成绩之间呈显著相关。其中，与体能测试成绩、运动技能掌握情况、学习态度相关的 P 值分别为：0.006、0.032；与专项技术和理论知识掌握情况相关的 P 值分别为：0.008、0.001；与教学条件和教学环境相关的 P 值分别为：0.026、0.012。这表明，体育教学对学生体育学习具有促进作用。因此在以后的教学工作中，应该不断提高体育教学质量，从而促进学生全面发展。

二、研究结果与分析

在 435 份有效问卷中，有 415 名学生选择"完全同意"，占 95.4%；有 17 名学生选择"不同意"，占 3.9%；另有 3 名学生选择"中立"，占 0.7%。这说明，学生对体育教学评估结果的评价是客观公正的。

可以看出，体育教学评估的总分与学生学习成绩呈正相关。这说明学生在体育课程学习中取得的成绩越好，评估结果也越好。进一步分析得知，学生对体育课程的学习兴趣越高，其成绩就会越好。

通过对体育教学评估结果进行分析发现，目前存在的主要问题有：学生对体育课程不够重视；学校没有根据实际情况设置具体可行的评估内容和指标体系；教师对体育教学缺乏有效监管；课程设置不合理、课程内容陈旧。这些问题需要学校和教师共同努力来解决。

（1）学生学习态度、学习效果、教学条件等影响体育教学评估结果。因此在体育教学中，应充分利用评估结果，采取有效措施，不断改进影响体育教学的各方面因素。

（2）教师在评估过程中应注重学生的差异性，关注学生的个体差异和发展差异，发挥学生的主体作用，促进学生个性发展。

（3）学校应进一步加强对体育教学的管理工作，加大对体育教学资金投入的力度。同时，不断提高体育教师的业务素质和能力水平，为开展体育教学工作提供必要的条件。

（4）高职院校应进一步加强与企业、社区等单位的联系与合作，为学生就业提供更多、更好的机会和渠道。

在教学评估的结果中，除了能了解学生对所学课程的掌握情况外，还有一个很重要的方面，就是反映了学生的学习态度。由于学生对所学课程缺乏了解，以及受到传统教育观念的影响，部分学生对所学课程不重视，缺乏学习热情和动力，不能全身心地投入到学习中，这些都会影响体育教学效果。

在以往的评估结果中，除了成绩外，对学生学习态度和学习效果进行评价是很少的。这种情况导致体育教师在教学中只根据教学目标进行教学计划的制订和教学过程的管理。但是，这种评估方法也有一定局限性，主要表现在：一方面是由于评估方法本身的缺陷所致；另一方面是因为教师在体育教学过程中，没有采取相应的措施来激励学生积极主动地参与到体育教学过程中来。因此，要想更好地开展体育教学工作，就必须建立起科学合理的评估体系。

三、建议

为了更好地发挥体育教学评估结果在体育教学中的作用，在今后的工作中高职院校体育教育要做到以下三点。

（一）更新教育观念

在传统的教学中，教师扮演知识传授的角色，学生则被动地接受知识。教师在教学中往往重视学生对知识的理解情况，忽视对学生能力的培养。这与现代教育理念的要求是不相符的。因此，作为体育教师要不断更新教育观念，努力创新教学方法和教学手段，以满足学生在学习中不断增长的要求，只有这样才能在体育教学中充分发挥学生的主体作用。

（1）传统体育教育观念强调学生掌握知识、技能、技术，而现代教育观念认为，学生要发展必须具备良好的心理素质和健康的体魄，要有坚强的意志品质和积极进取的精神。现代教育思想倡导学生发展必须具备综合素质，应具备自主学习、合作学习和探究学习的能力。所以，要想更好地开展体育教学工作，教师必须打破传统观念的束缚，以全新的理念来指导体育教学工作。

（2）现代教育思想认为体育教育是一种特殊的教育形式，是在传授体育知识和技术技能的基础上培养学生良好品质、健全人格，提高综合素质的一门学科。这就要求体育教师在教学过程中注重培养学生的良好品质和健全人格，让他们成为适应社会发展需要的综合性人才。

（3）传统教育思想认为体育教学只是为了增强学生体质、培养运动技能。现代教育思想则强调体育教学是一种培养人、完善人、发展人的活动，不仅要通过体育教学使学生掌握一定运动技能和技术，还要通过各种活动培养学生良好的品质、健全的人格，促进其全面发展。

（4）传统体育教育思想强调运动技能学习和知识传授并重，现代教育思想认为知识和能力是相互联系、相辅相成的两个方面，二者相互依赖，相互促进。现代教育思想还注重对学生创新精神和实践能力的培养。

（5）传统教育思想认为体育教学是一种学科化、理论化、抽象化的知识传授活动，而现代教育思想认为体育教学是一种实践性与活动性强，乐趣与挑战并存，富有创造性、多样性与灵活性的活动。现代教育思想还认为体育教学是一种以人为本、尊重个性发展并具有社会适应性和民族特色，以实现人的全面发展为目标的活动。

（二）改进体育教学评估内容

以往的体育教学评估内容过于单一，缺乏系统性，因此应建立起以"能力、素质"为中心的新的体育教学评估体系。

一是要注重过程性评估。体育教学过程的各个环节都可以对学生进行评估，尤其是在平时的体育训练和课堂教学中。对于平时上课认真、态度端正、积极发言的学生，可以给予加分奖励，反之则扣分。

二是要注重定性评估和定量评估相结合。定性评估是指对学生进行能力、素质等方面的评估时，要尽可能多地采用一些综合性语言来表述；而定量评估则是在对学生进行学习能力、身体素质等方面的评估时，应以客观事实为依据，尽可能地使用客观量化的语言来表述。

三是形成性评估与终结性评估相结合。形成性评估是对学生体育教学过程中各个方面的表现进行综合性的评估，而终结性评估则是对学生体育学习结果的考核。传统的终结性评估只重视成绩的评定，忽略对学生学习态度和学习效果的考核。在以后的体育教学评估中，应适当增加形成性评估和终结性评估相结合的内容。

四是要注重培养学生对体育学习的兴趣和学习动力。兴趣和动力是成功开展体育教学活动必不可少的条件，只有当学生产生浓厚兴趣时，才能主动参与到体育教学中，从而提高参与体育教学活动的积极性和主动性。

（三）改变体育教学组织形式

目前，在高职院校的体育教学中，基本上是以教师为主导，以教学大纲为依据。由于受到传统教育观念的影响，大多数教师认为体育教学只需要让学生掌握一些运动技能，至于运动技能的形成过程，并没有引起重视。因此，很多学生在学习过程中只注重结果而忽略过程。因此，为了更好地发挥体育教学评估的作用，教师应改变传统的教学组织形式。

先要改变教学内容的组织形式。目前高职院校在体育课程设置上基本上都是以单项技能为主要内容，所以在体育教学评估中往往只是对学生掌握了哪些运动技能进行评价，但是这样会使学生感到学习内容枯燥无味，导致他们对所学内容产生厌倦心理。因此，在今后的体育教学中，应把对学生运动技能的评价与培养学生兴趣结合起来。例如，在篮球教学过程中可以把学生分成几个小组进行篮球比赛，这样既能让学生之间互相竞争，共同提高，又能让学生体会到比赛的乐趣。这种比赛不仅能提高学生的身体素质，而且还能培养他们的团结合作的精神。目前大多数高职院校都是以班级为单位进行体育教学。由于班级人数较多，体育教师通常采取分组教学的方式，这样既能让教师掌握更多的授课内容，同时也可以提高学生的学习积极性和参与度，让学生在轻松愉悦的氛围中学习体育知识和技能。

（四）改革体育教学管理方式

要想让教学评估结果更好地发挥作用，就必须对体育教学管理方式进行改革。传统的教学管理方式主要是以教师为主体，以课堂为中心，把学生当作接受知识的容器。这种教学方式主要体现在对学生的管理上。因此，要想提高体育教学效果，就必须改革传统的教学管理方式。体育教师要树立起以人为本的思想观念，尊重学生的主体地位，充分发挥学生在学习中的主观能动性，转变传统的教育观念，尝试建立起新的、科学的体育教学评价体系，提高学生参与课堂学习的积极性。为了保证评价体系的科学合理、公平公正，需要对其进行合理的调整，教师可以根据课程要求设置体育考试项目和考试内容。在技能考核上，可以把理论知识考试和实践操作考核相结合；在评分标准和考核方法上，可以把平时成绩与期末成绩相结合；在考核频率上，可以将一学期进行两次考核改为一学期进行一次考核；在成绩计算方面，可以将平时成绩和期末成绩相结合。这种全新的体育教学评价体系不仅能够提高学生对所学课程的兴趣和热情，还能够调动学生参与课堂学习的积极性和主动性。从本质上来讲，这种教学评价体系是以人为本理念在体育教学中的具体体现。它要求教师不仅重视学生对所学课程知识和技能的掌握情况，还要重视学生在课堂学习过程中所表现出的个性特点和创造性。这样不仅能够使学生通过体育教学获得更好的发展，还能培养学生正确、积极、乐观的人生态度。

第三节　教学反馈与改进策略

高职院校开展体育教学活动时，教师要根据学生的实际情况和专业特点，制定有针对性的教学方案。反馈是教学活动中非常重要的一个环节，也是教师在教学活动中不可或缺的一个过程。在高职体育教学活动中，教师可以通过对学生在课堂上的表现及时发现学生的问题，从而对他们进行有针对性的指导与帮助。因此，反馈与改进教学策略对于提高高职体育教学效果，具有重要的作用和意义。教师根据反馈结果对教学方案进行相应调整，这样才能确保高职体育教学活动健康有序进行。

一、教学反馈

（一）建立科学合理的反馈机制

在高职院校开展体育教学活动时，教师应建立科学合理的反馈机制，这是确保教学活动顺利开展的重要基础。而建立科学合理的反馈机制，需要从多方面入手。

第一，加强对体育教师的培训和培养。教师是课堂教学活动的直接执行者和组织者，其工作能力和水平的高低直接影响课堂教学质量和效果。因此在高职体育教学活动中，教师要充分发挥自身的主导作用，不断提高自身的综合素质，从而更好地胜任体育教学工作。在这一过程中，老教师要做好传帮带工作，积极引导和帮助新入职的体育教师不断提高自身的专业水平和业务能力。同时，学校也要为新入职体育教师提供必要的培训和指导，帮助其尽快融入体育教学工作中。

第二，优化高职体育课堂教学环节。在高职院校开展体育课堂教学活动时，教师要将理论知识和实践训练有机结合起来，采取有效措施提高学生的学习兴趣和积极性。在具体的教学过程中，教师要注意采用多种教学方法和手段，并积极创新和完善课堂教学模式与方法。另外，还可以组织学生开展小组合作学习活动，通过互相交流与合作共同完成学习任务。这些教学手段的运用以及合作学习方式的采用，能够有效提高学生的课堂参与度以及学习积极性。

第三，建立合理有效的评价体系。在高职院校开展体育课堂教学活动时，要以学生为主体、以教师为主导开展教学工作。为此，教师要将学生作为体育课堂教学活动的重要参与者与合作者，并根据学生在体育课堂上的表现以及学习情况制定合理有效的评价体系。在具体评价体系建立过程中需要遵循以下五个原则。一是客观性原则，在高职体育课堂教学中要将学生能力培养和素质提升作为主要目标；二是可行性原则，在高职体育课堂教学中要根据学生实际情况以及专业特点制定相应评价体系；三是层次性原则，在高职体育课堂教学中要注重对学生学习成绩进行分类评价；四是客观性和全面性相结合原则，在高职体育课堂教学中要坚持客观性和全面性相结合原则；五是可行性与发展性相结合原则。

第四，加强对学生学习情况的检查与反馈。在高职院校开展体育课程时，教师要定期对学生的学习情况进行检查与反馈，这种检查与反馈既可以对学生学习过程进行检验与监督，也可以对学生学习效果进行比较和评估。检查与反馈的目的是及时发现学生在学习过程中存在的问题并及时给予指导帮助。

教师要充分发挥自身主导作用，首先积极引导和帮助学生掌握正确锻炼身体的方法，提高其体育运动能力和水平；其次还要指导和督促学生根据自身情况制订科学合理的锻炼计划并积极主动进行锻炼；再次还应指导和帮助学生积极参加相关赛事活动并在比赛中获得优异成绩；最后还要指导和帮助学生根据自身特点选择合适的运动项目，并积极主动参与锻炼，取得优异成绩。总之，在高职院校开展体育课程时，教师要充分发挥自身的主导作用和引领作用，充分调动和激发学生参与体育活动的积极性和主动性。

（二）认真做好反馈记录

在高职体育教学活动中，教师不仅要根据学生的实际情况制定有针对性的体育教学方案，还要认真做好反馈记录工作。教师在认真记录学生的表现和评价时，不仅要详细地记录好每个学生的基本情况，还要根据学生在课堂上的表现，对教学活动进行及时调整和改进。通常情况下，教师在做反馈记录时，首先要将自己观察到的情况记录下来，其次还要记录学生写下的反馈意见和建议。同时，还应对自己在观察过程中发现的一些问题进行认真分析，并将其整理出来。教师在做反馈记录时要注意以下两个问题。首先，要充分尊重学生的主体地位，教师不能以自己的主观意愿或评价影响学生对课堂教学活动的认识与感受。教师只有充分尊重学生在课堂上的主体地位，才能最大限度地调动学生的学习积极性和主动性。其次，要注意反馈信息与评价之间的一致性，教师在对学生进行反馈记录时要做到客观、公正、实事求是。

1. 反馈的方式

一是语言反馈。教师在进行语言反馈时，要做到准确、清晰，以便更好地引导学生的思维与行为。

二是表情反馈。表情反馈主要是指教师在对学生提问或与学生交流时，根据实际情况运用不同的表情和动作来表达自己的内心感受。

三是书写反馈。教师在对学生进行书写反馈时，首先要注意书写的规范性，同时还要根据实际情况灵活运用不同的书写方式，以使反馈信息得到有效传递。

2. 反馈的内容

反馈的内容是指在体育教学活动中，教师对学生所做的各项评价。教师对学生进行反馈时，不仅要对学生进行客观公正的评价，还要对学生所表现出的学习态度、学习成绩等内容进行认真记录。教师在记录时还要根据自身所观察到的学生实际情况，将学生在体育教学活动中的表现进行客观公正的记录。教师在做反馈记录时，还应注意以下几点。首先，教师应注重对学生的差异性反馈。在体育教学活动中，由于学生之间存在着很大的差异性，教师在做反馈记录时要将学生所表现出来的不同行为和状态进行详细记录。其次，教师在做反馈记录时要根据实际情况，对教学活动进行及时调整和改进。最后，教师还要注意对学生所表现出来的进步或错误进行客观评价。

3. 反馈的效果

通常情况下，教师在对学生进行反馈时，最关心的是学生对反馈信息的态度和看法。只有学生对教师的反馈信息持肯定态度时，才会进一步增强他们学习的信心和动力。因此，教师在进行反馈时要及时对学生给予肯定或表扬，以充分调动学生参与课堂教学活动的积极性。教师在进行反馈记录时，不仅要如实记录学生的反馈信息，还要对学生所写下的每一个反馈意见进行详细记录，要将每个学生的反馈信息进行归纳整理，以便在今后的教学活动中能有针对性地开展教学工作。只有教师将学生所写下的意见都归纳整理，才能系统且全面地反映出每个学生对教学活动的真实看法和真实感受。

三、教学反馈改进策略

（一）提高教师专业素养，适应教学反馈需要

高职院校的体育教师必须不断提高自身的专业素养，适应教学反馈的需要。首先，教师要转变传统的体育教学观念，树立正确的体育教学观。教师只有正确认识和理解体育教学的内涵，才能有效把握教学反馈的精髓，从而对学生进行科学合理的评价。其次，教师要不断学习和了解新课改背景下体育教学改革的新动向、新要求。随着课程改革和素质教育的深入开展，高职体育教育也要进行相应的改革，才能更好地适应社会发展和人才培养的需要。高职院校必须要加强对体育教师的培养，让他们掌握现代教育理论知识和新课改理念。最后，教师要积极主动进行自我反思，并及时总结自身在教学中存在的问题，在不断反思和总结中完善自我。

学生通过练习可以发现问题和不足，所以教师可以通过这种方式了解学生的学习情况。如果学生学习效果较好就可以给予肯定，如果学生练习效果不佳则要找出原因并及时纠正。这样既能提高教学反馈的效率和质量，还能充分调动学生的学习积极性、主动性和创造性。

（二）灵活运用多种反馈方式，提高教学效果

教师要根据学生的实际情况灵活运用各种反馈方式，不能一味地用一种反馈方式。教师可以将学生分成不同的小组，然后再让学生根据自己的情况进行练习，可以让学生相互指导，不仅能提高学生的练习积极性，还能让他们在互相交流中学习。如果在练习过程中遇到困难，学生也可以及时向教师反馈，以便教师对其进行必要的指导。

另外，高职院校的体育教师还要善于运用谈话法和启发法对学生进行反馈。谈话法就是教师在课前或课后与学生交流，及时了解学生的学习情况和教学效果，并对教学进行有针对性的调整。启发法就是在课前或课后对学生进行引导和鼓励等活动，使他们形成积极向上的学习心态。例如，在学习"向左转"这一动作时，教师可以先让学生观察周围人的行为举止，然后再请几位学生轮流示范给大家看，这样既能提高学生对这一动作的认识和理解，还能让他们学会与人交往和合作。

（三）注重反馈信息的处理，重视反馈的过程

在高职体育教学中，教师要注重对反馈信息的处理，在反馈信息中要抓住重点，根据反馈信息的内容，选择恰当的方法和措施进行处理。在练习过程中，教师可以将学生的练习情况以文字形式记录下来，并在课堂上进行点评。这样做不仅能及时发现学生在练习过程中存在的问题，还能促进学生改正错误动作。当有学生动作不达标时，教师就可以针对其错误动作进行指导和纠正。另外，教师还可以利用一些辅助器材帮助学生完成练习。这样不仅能使相关信息更加真实、有效地反馈给学生，还能提高学生学习的积极性和主动性。

（四）完善教学评价机制，促进教学反馈质量提升

在高职体育教学活动中，教师要积极采取有效措施，不断完善教学评价机制，以提高教学反馈质量。首先，教师要制定科学合理的教学评价标准。在对学生进行考核时，应充分考虑学生的实际情况和自身素质，以确保考核标准的科学性和合理性。其次，教师要科学运用教学评价方

法，可以采用形成性评价与终结性评价相结合的方式，提高教学反馈的质量。再次，教师要建立完善的教学反馈机制。在对学生进行体育技能考核时，应制定明确具体的考核标准，以了解学生对体育技能的掌握情况。最后，教师要对学生进行及时有效的反馈，可以采用口头评价、书面评价、现场评价等多种方式，对学生体育技能掌握情况进行综合评价。这样不仅能提升学生对体育技能掌握情况的了解和认识，还能帮助教师及时了解学生掌握体育技能的情况，为后期制定有针对性的教学策略提供有力参考。

（五）注重课后教学总结，及时调整教学方案

教师要及时对教学内容进行总结，并通过教学过程中的实践情况，分析教学工作的优缺点，从而为下一次体育教学提供参考和借鉴。在课后总结中，教师要对学生的学习情况进行详细分析，对学生进行具体指导，并结合学生的反馈情况，对教学方案进行适当调整。

综上所述，高职体育教学反馈与改进策略是一项系统的工程，需要高职体育教师不断探索与创新，只有这样才能为学生营造良好的体育学习氛围，培养学生良好的体育锻炼习惯，从而提高高职体育教学效果。

第七章　高职体育教育与社会影响

第一节　高职体育教育对学生身心发展的影响与改革对策

近年来，随着经济社会的不断发展，我国各高职院校的体育教育教学改革工作也在不断推进。在国家和社会的大力支持下，越来越多的高职院校开始重视体育教育教学，并积极引进先进的教育教学理念和方法，努力提高体育教育教学质量和效果。通过对高职院校体育教学现状进行分析，我们可以知道传统的高职院校体育教学方式已经无法满足当前高职院校学生身心发展的要求。在新时期，高职院校应积极探索更为科学、合理的体育教学方式，以不断提高学生身心健康水平为目标，努力培养出德智体美全面发展的社会主义建设者和接班人。本节主要通过分析高职体育教育对学生身心发展的影响，并提出相应对策，以期能够为我国高职院校体育教育水平的提高提供一些参考。

一、高职体育教育对学生的影响

高职体育教学作为一种特殊的教育形式，其教学内容和方法不仅仅关注学生的体育技能和健康素养，还注重培养学生的团队合作精神和社会责任感等优良品质。

第一，高职体育教学可以促进学生的身体健康。通过体育锻炼，学生可以增强体质，增强免疫力，预防疾病的发生。身体健康是学生学习和工作的基础，也是积极参与社会活动的前提。

第二，高职体育教学可以培养学生的团队合作精神。体育课程通常以团队活动为主要形式，通过团队活动，学生可以学会与人合作、协调沟通。这些团队合作的经验将对学生日后的职业生涯产生积极的影响，让他们能够更好地融入社会，与他人协作。

第三，高职体育教学还可以提高学生的社会责任感。通过开展体育赛事和社区服务活动，学生能够了解社会的需求，培养其关爱他人的能力和奉献精神。这种社会责任感会让学生在未来的职业生涯中能够更好地回馈社会，服务他人。

综上所述，高职体育教学对学生身心发展的影响是多方面的，它不仅关注学生的身体健康，还培养他们的团队合作精神和社会责任感。高职体育教育的实施将使学生具备更好的社会适应能力，为社会发展做出积极贡献。

二、加强高职院校体育教学改革

当前，高职院校体育教育教学的改革工作已经成为推动我国体育教育事业发展的重要举措。高职院校应积极引进先进的体育教育理念，以不断提高教育教学质量和效果为目标，积极推进高职院校体育教育改革工作。具体而言，高职院校应加强对学生体育技能与身体素质的培养，不断完善和优化高职院校的体育教学课程体系。在当前的社会环境下，学生应掌握更为全面的运动技能，拥有良好的身体素质，以便更好地适应社会生活和工作。因此在高职院校体育教学中，应不断引入更为先进的方法和手段，优化体育课程体系，让学生能够更好地掌握科学合理的体育技能，提高身体素质。同时，高职院校还应注重对学生进行个性化的指导与帮助，努力满足学生不同运动爱好与身体素质等方面的需求。此外，高职院校还应开展丰富多彩的课外活动，不断提高学生在体育运动方面的兴趣和热情。只有这样，才能为学生更好地适应社会生活与工作奠定坚实的基础。

（一）完善体育教师队伍建设

体育教师队伍建设是提高体育教育教学水平的关键所在，当前各高职院校应充分认识到体育教师队伍建设的重要性，不断完善教师队伍建设，为提高体育教育教学水平提供有力保障。在体育教师队伍建设过程中，应重点加强对体育教师的培养和培训工作。

一方面，高职院校应定期组织体育教师培训学习，全面提高体育教师的理论知识和专业技能水平，使其能够将先进的教育理念和方法运用到实际教学工作中，比如可以邀请专家、学者做讲座和指导教学等。同时，高职院校还可以通过定期举办教师交流会、教研活动等加强体育教师之间的交流和学习，从而不断提升体育教师的教学水平；另一方面，高职院校还应定期组织体育教师进行专业技能比赛活动，通过比赛活动让体育教师相互交流学习，取长补短，不断提高综合能力水平。在此基础上，高职院校还应为体育教师提供更多其他形式的学习交流机会，这样能不断提高高职院校体育教育教学水平。

此外，高职院校还可以对现有教师进行考核，通过激励和晋升等方式，激发教师的工作积极性和主动性。同时，还应注重提高体育教师的科研能力和水平。在新时代背景下，高职院校应对自身的办学定位有明确和清晰的认识，并结合社会对人才培养的要求来制订科学合理的培养计划。

（二）深化体育课程教学研究

主要针对高职院校的体育课程改革进行研究，研究的主要内容包括体育课程的目标定位、课程设置、课程内容、教学方法和教学评价等。要从高职院校的实际情况出发，结合高职院校学生的特点，从多个角度对高职院校的体育课程改革进行深入分析。在研究过程中，可以采用文献资料法、问卷调查法以及访谈法等多种方法，并得出相应的结论。

高职院校体育教学改革需要在完善体育教师队伍建设、深化体育课程教学研究、优化教学内容等方面进行努力。通过加强体育教师队伍建设，提升教师的专业水平和教学能力；深化体育课程教学研究，探索适合学生特点和需求的教学模式和方法；合理设置体育教育教学内容，促进学生全面发展和健康成长。这些举措将有助于推动高职院校体育教学改革，为学生提供更加丰富多彩的体育教育资源和平台，助力他们实现自身价值和梦想。

（三）优化教学内容

在当前高职院校体育教学中，教学内容设置是否得当直接影响体育教学效果的好坏。因此，高职院校应结合学生的身心发展特点优化体育教学内容。高职院校应注重对体育教学内容进行科学合理的调整，不断增强高职院校体育教育的针对性和实效性。具体来说，高职院校应根据学生的身体素质情况、运动爱好以及职业特点等，科学调整和优化教学内容。在实际教学中，教师应将锻炼学生的身体素质作为重点内容，合理安排学生体育锻炼的时间和次数。与此同时，在实际教学中，高职院校还应加强对学生体育意识的培养，让学生能够充分认识到自身身体素质方面存在的不足，并努力改变不良的行为习惯和运动方式。不断完善和优化高职院校体育教学内容，可以帮助学生更好地掌握科学合理的体育运动技能，让学生在体育运动中不断发挥自身优势与特长，形成良好的运动习惯和行为方式，从而有效提高综合素质水平。

例如，高职院校的一名学生进行跑步锻炼时，教师可根据该生的实际情况来合理选择体育教育教学内容，并在此基础上设计出一套科学、合理的跑步方案。具体来讲，就是教师先对该生进行身体素质测试，根据测试结果合理设定锻炼目标。如果该生身体素质较好，那么教师就可适当提高锻炼目标；如果该生身体素质较差，那么教师就可适当降低锻炼目标。这样一来，既能让学生感受到体育运动所带来的乐趣和收获，同时还能有效提高其身体素质水平。另外，通过对高职院校体育教育教学内容进行合理设置，还可以进一步促进高职院校学生身心健康水平的提高。

（四）建立科学的评价体系

当前在我国高职院校体育教学中，对学生的体育能力与身体素质等方面进行评价的方法和手段相对较少，这很容易导致学生在体育课程学习过程中缺乏学习的积极性与主动性，从而严重影响高职院校体育教学效果。因此在高职院校体育教学中，应积极建立科学的评价体系，以不断提高学生的学习兴趣和主动性，进而更好地推动高职院校体育教学工作的发展。具体而言，在高职院校体育教学中，应注重建立科学合理的评价体系对学生的学习效果进行考核。在此过程中，应根据学生不同阶段所处的学习环境和身体状况等来选择适宜的评价方式，最大限度地发挥评价体系的作用。比如在对学生进行技能考核时，应选择多元化的评价方式，教师可选择采用书面测试或实际操作等多种方式对学生进行考查。总之，在高职院校体育教学中建立科学合理的评价体系，对于提高体育教学质量有着重要作用。

（五）改善教学条件

高职院校应加大资金投入，根据实际情况和学生的实际需求，为体育教学活动提供必要的物质支持。例如，可以建立专门的体育教学场所和运动场地，并配备专门的教师与教练；可以加大体育教学设备的投入，以保障教学质量和效果；还可以将一些具有发展前景的体育项目引进高职院校中，以促进体育教育活动的开展。高职院校还应积极鼓励教师参与到体育运动项目中，并根据实际情况为其提供必要的经费支持。在此基础上，高职院校还应建立一支稳定的、高水平的教师队伍，通过聘请专业运动员、体育教练员等方式来加强师资队伍建设，并为教师提供专业培训和交流学习的机会，以进一步提高教师的综合素质和教学能力。此外，高职院校还应积极培养具有高素质、高技能、高水平的专业型人才，这也是高职院校发展的必然要求。

（六）创新教学模式

高职院校在体育教学中，应根据学生的个性特点和学习需求，不断创新教学模式。具体而言，高职院校可以尝试将个体化和差异化相结合的教学模式，并根据不同学生的兴趣爱好和个性特点来开展差异化教学，进而实现体育教学模式的创新。教师可以在课堂上对学生进行个性化指导和帮助，让每个学生都能充分发挥自己的优势。此外，在高职院校开展体育教学时，还应注重引入先进的多媒体技术和互联网技术，多手段提升学生对体育运动的兴趣。

学生参与体育教学活动不仅能够让学生感受到体育运动的乐趣，而且能够让学生在学习过程中逐渐树立起健康的生活观念和积极的生活态度。在此基础上，学生参与体育活动就会产生一种发自内心的满足感，在一定程度上能促进他们的身心发展。例如，在进行篮球教学时，教师可以将篮球教学内容和学生的生活实际相结合，通过开展篮球比赛的方式激发学生参与篮球运动的兴趣。

总之，高职院校应注重对体育教学模式进行创新与改革，使体育教学更好地满足学生的身心发展需求，进而促进学生身心和谐发展。

第二节　高职体育教育的意义与问题思考

体育教育是高职院校教育的重要组成部分，在促进学生身心健康发展，培养学生运动习惯，使其养成良好的运动品质方面发挥着不可替代的作用。近年来，随着国家对体育事业的重视，越来越多的高职院校开始在体育教育方面加大投入力度，以满足国家对高职体育人才的需求。但是由于高职院校开展体育教育时间较短，体育教育资源相对有限，所以在开展体育教育时存在很多问题。本节主要从高职院校中开展体育教育的重要意义入手，分析目前我国高职院校体育教育存在的问题，并提出解决对策，为我国高职院校更好地开展体育教育教学提供参考。

一、体育教育的重要意义

高职院校作为我国教育体系的重要组成部分，肩负着为社会培养高素质、高技能人才的重要任务。但是随着社会经济的不断发展，社会对人才的需求也在变化，很多行业对于人才的要求也越来越高。因此为了适应社会发展的需要，高职院校必须要加强对学生综合素质的培养。体育教育是培养学生综合素质和能力的重要途径之一。随着我国体育事业的不断发展，越来越多的高职院校开始将体育教育纳入到日常教学工作中，并通过多种方式加强对学生体育素养的培养，比如在体育课上引入趣味体育运动，组织学生参加校内外各项体育活动等。这些方式可以有效增强学生体质，培养学生体育兴趣，提高学生运动技能。

（一）促进学生的身心健康发展

现代社会竞争激烈，学生在学习过程中往往面临巨大的压力。因此，他们需要在学习之余进行一定的体育锻炼，通过体育运动来缓解压力、放松身心。同时，体育运动还可以增强学生的体质和免疫力，促进身体健康和心理健康。另外，体育运动还可以帮助学生改善睡眠质量，提高学生的学习效率，从而提高学习成绩。体育教育可以让学生在学习之余放松身心，缓解压力，提高学习效率，从而达到锻炼身体和提高身体素质的目的。因此，高职院校应不断丰富体育教学的内容和形式，将体育教育与心理健康教育结合起来，为培养学生良好的心理素质和健康意识奠定基础。

（二）培养学生良好的行为习惯

体育教育对于学生的身体素质和心理素质的培养有非常重要的作用，它不仅能让学生养成良好的行为习惯，还可以帮助学生形成正确的价值观和人生观。体育教育主要是通过运动项目教学来完成的，学生必须遵守规则，这就要求学生具有高度的自觉性和纪律性。体育运动还可以让学生形成良好的生活习惯，养成吃苦耐劳、艰苦奋斗、顽强拼搏、不畏艰难的意志品质。这些优秀品质可以让学生始终保持积极乐观、奋发向上的心态，从而更好地面对学习和生活中出现的困难和挫折。

（三）增强学生体质

在体育课上，很多学生经常会出现身体不适的情况。因此，为了增强学生体质，提高学生身体素质，高职院校在开展体育教育时应该充分结合当前我国学生体质健康状况不佳的现状，积极开展各种形式多样的体育活动，以此帮助学生养成良好的体育锻炼习惯。在体育课上，可以引入趣味体育运动，激发学生参与体育运动的兴趣和热情。组织开展校内外各项体育活动，帮助学生增强体质，提高身体素质。在开展体育教学时，教师可以引导学生根据自身实际情况选择合适的运动项目、运动方式等，适当加大运动强度，进而有效增强学生体质，提高学生身体素质，为其未来学习和生活奠定良好的基础。

（四）培养学生体育兴趣

兴趣是最好的老师，因此培养学生体育兴趣是推动学生参加体育锻炼的重要前提。对于学生来说，运动项目的选择、运动技能的掌握、体育运动参与程度等都会对其未来发展产生影响。同时，为了增强学生对体育运动的认知程度和兴趣，高职院校还应该通过创新教学方式和手段来激发学生参与体育运动的热情。例如，在开展足球、篮球等体育项目教学时，可以结合不同年龄段学生的特点，通过设置情景教学、角色扮演等方式吸引学生参与到体育运动中。此外，还可以通过开展各种体育竞赛来增强学生对体育运动的兴趣和热情。例如，可以开展足球比赛、篮球比赛等，这些竞赛活动不仅可以促进学生参与体育运动的热情，同时还能有效提高学生体育运动的综合素质和能力。

（五）提高学生运动技能

随着我国社会经济的不断发展，人们体育锻炼的意识和兴趣越来越高，体育锻炼已经成为人们生活中的一部分。但是受多种因素影响，我国体育教育还存在着很多不足之处，比如传统教学方式比较单一，不能满足学生对于体育知识和技能的需求等。因此，为了更好地培养学生的体育素养，提高学生的运动技能，高职院校必须要重视体育教育工作，通过各种方式有效提高学生的体育知识和技能水平。首先，高职院校应该结合自身实际情况选择合适的教学内容和教学方法，注重对学生运动技能的培养。例如，在开展排球教学时，应该结合高职院校学生的特点和实际情况，选择一些简单易学、趣味性较强的排球运动项目。其次，高职院校还应该注重对学生体育意识和能力的培养。在组织学生参加各项体育运动时，应该将比赛项目与体育教学项目相结合，这样不仅可以提高学生对运动知识的了解程度，还可以激发学生参与体育运动的兴趣和热情，也可以帮助学生树立正确的体育观念。

（六）培养学生运动素养

运动素养主要指的是个人在参加体育活动过程中所表现出的知识与技能、过程与方法、情感态度与价值观等方面的综合素质。从当前的社会发展现状来看，很多人对于健康生活的要求也越来越高，就需要高职院校在教学过程中不断加强对学生运动素养的培养，这对于学生综合素质和能力的提高具有重要意义。

一方面，通过体育教育可以有效提高学生的身体素质和运动技能，让学生的身体更加健康，同时也能让学生学养成科学有效的锻炼方法，从而更好地应对在社会上所面临的各种压力和挑战；另一方面，通过体育教育可以培养学生健康、积极、乐观、勇敢的体育精神，这些优秀的品质正是未来社会所需要的。

随着社会不断进步和发展，人们对身体健康越来越重视，体育教育在整个社会发展中的作用也越来越突出。随着人们对体育认识的不断提高，人们开始将体育教育与社会发展联系起来。美国职业篮球运动员迈克尔·乔丹在接受采访时就曾说："我觉得篮球是一种文化，它包含了很多方面。体育也是一种文化，它体现了很多方面。"在我国，随着素质教育的不断深入和发展，体育教学越来越重视身体素质和心理素质的培养，体育教育在培养学生良好的心理素质和健康意识方面起着重要作用，体育教育也可以帮助学生养成良好的行为习惯。

二、当前高职院校体育教育存在的问题及改进建议

（一）存在的问题

1. 体育教师的综合素质有待提高

体育教育是一项需要耐心和毅力的工作，需要教师有良好的身体素质，同时还需要教师有较高的综合素质，这就对体育教师提出了更高的要求。但是目前很多高职院校的体育教师是从其他专业转行而来，他们很多没有经过系统专业的培训，不了解高职体育教育的特点，更不了解如何更好地开展高职体育教育工作。

2. 体育教学内容缺乏针对性

由于我国高职院校开展体育教育的时间较短，很多高职院校体育教学缺乏针对性，只是简单地把体育教学内容搬到课堂上来，没有根据学生的兴趣和需要设置教学内容，缺乏对学生兴趣爱好和需求的了解。

3. 教学方法和手段落后

在高职院校中，大多数教师都采用传统、单一的教学方法和手段，

这些教学方法和手段很难调动学生参与体育活动的积极性。同时因为高校没有充足的体育资源和设施支持，所以开展体育教学活动时也存在很多困难。传统、单一的教学方法和手段也会使学生养成惰性心理，学生很难形成良好的运动习惯。

（二）改进建议

1. 转变对体育教育的认识，重视体育教育工作

高职院校的体育教育工作主要是为了提高学生的身体素质和体育技能，同时也要培养学生的综合素质。高职院校应该更加重视体育教育工作，转变对体育教育的认识，把体育教育当作一项重要工作来对待。首先，高职院校应该注重对学生进行心理健康教育，提高学生的心理素质。由于学生在学习生活中承受了较大的压力，他们很容易产生心理问题。如果学生长期处于这种状态，会对其身体健康造成不利影响，同时也会降低学习效率。因此高职院校应该注重学生的心理健康教育，通过开展体育教育活动帮助学生缓解压力，释放不良情绪。其次，高职院校应该注重对学生进行运动技能训练。在高职院校，很多专业技能都需要学生具备较强的身体素质，如果不注重对学生进行身体训练和运动技能训练，会影响学生今后的就业发展。

2. 完善高职体育教育体系，加强教学资源的投入

高职体育教育是我国高校教育体系的重要组成部分，由于我国高校开展体育教育的时间较短，还没有形成完善的体育教育体系，要想保证高职院校体育教育工作能够顺利进行，首先就必须完善高职院校的体育教育体系。其次，高职院校还要加强对体育师资队伍的建设力度，通过引进专业人才和提高教师自身素质来提高教师队伍的整体水平。此外，高职院校还要加大对体育教师教学技能和综合素质的培训力度。

3. 加强学生自主锻炼意识

学生只有通过积极参加体育锻炼才能增强自身体质，提高免疫力和抵抗力，促进身体健康发育。因此在开展体育教学活动时，教师要引导学生自觉参加体育运动，并让学生自己制订体育运动计划，从而有效提高学生的身体素质和免疫力。此外，高职院校还要对学生进行正确有效

的引导，并利用各种机会培养学生的自主锻炼意识。

4. 加强师资力量建设

高职院校要加大对体育教师的培养力度，通过多种途径来提高教师素质和能力，鼓励在职教师提升学历、参加继续教育等活动，不断提高业务能力和水平，从而更好地为学生服务。

高职院校要加强对体育教师的培养，建立健全体育教师培训体系，组织体育教师进行系统专业的培训和学习。同时要引导体育教师更新教育教学理念，培养他们的创新意识和创新能力，促进体育教师在教学过程中不断探索和实践。还可以鼓励他们参加社会实践活动，了解学生需求，制订个性化教学计划。

5. 改善体育教学环境

高职院校要重视体育教学环境建设，通过完善场地设施，增加教学器材，丰富教学资源等方式提升学校体育教育的水平和质量。同时还可以在学校内设立一些体育文化展览区、文化长廊等，丰富学生业余生活。

三、对高职体育教育的思考

第一，高职院校体育教育应以学生为中心，突出学生的主体性地位，使其在体育教学过程中真正发挥自己的主观能动性，实现自主学习和自我发展。同时，高职院校要注重培养学生的兴趣爱好，在教学过程中采用多样化的教学手段，如将传统的体育教学模式与多媒体教学方式相结合，充分发挥多媒体的优势作用。

第二，高职院校体育教育应以就业为导向，根据市场对人才的需求情况对课程设置进行调整和优化。高职院校应根据就业市场对人才的需求情况，在课程设置上注重学生能力的培养和知识技能的拓展，让学生对自己将来想从事哪些职业有一个正确、清晰、全面的认识。

第三，高职院校应建立科学合理的体育评价体系。评价体系是指对一个人或者一个事物是否达到某种标准作出的判断、评定或衡量。当前我国进行教育评价主要采取三种方式：一是以考试成绩为依据；二是以学生平时学习态度及表现为依据；三是以学生参加竞赛情况为依据。这三种方式各有优劣,高职院校在进行体育教学评价时应坚持科学合理、注重发展的原则。

第四,高职院校应加大对体育教师队伍建设和对体育教育资源的投入,同时还要加大对体育教师的培训力度,提高其专业水平和教学能力。

第五,高职院校应将学生的健康放在首要位置。学生除了要具备扎实的专业知识和技能外,还应该具备良好的身体素质和心理素质,因此高职院校在进行体育教育时应以健康为首要目标,把培养学生养成良好健康意识和习惯作为其首要任务。此外还应加强学生心理素质的培养。

第六,高职院校应重视对学生运动技能的培养,让他们掌握一定的运动技能并有效运用于实践。同时要注重培养学生养成良好的运动习惯和运动品质,如在进行一些运动量较大、对耐力能力要求较高的项目时,应在课前做好充分的准备活动和热身运动等。

第七,高职院校应加强对学生课外体育活动开展情况的监督与管理。高职院校应在平时工作中注意对学生体育课外活动开展情况进行检查和督促,使其能按时、按质、按量完成体育课外活动任务。

第八,高职院校应重视对体育教学质量进行监督和管理。体育教学质量是高职院校体育教育工作中一项非常重要的内容。因此高职院校应通过各种途径保证体育教学质量,使能更好地满足社会发展需要和学生职业发展需要。

四、小结

目前,随着社会的发展,人们的生活水平也逐渐提高,对健康生活方式的追求也越来越高。国家和社会越来越重视体育教育的作用。高职院校开展体育教育能够有效培养学生健康的身体素质、良好的心理素质,提高学生对体育运动的兴趣和积极性,养成终身运动的习惯。因此,高职院校在开展体育教学时必须明确体育教育对学生成长和社会发展的重要意义,并制定有效的措施,通过开展多种形式的体育教育活动提高学生的身体素质和心理素质,使高职院校学生能够在全面发展、全面成长、全面进步中实现自身价值。

第三节　高职体育教育与国家政策的关系与展望

高职体育教育是高职教育的重要组成部分，也是素质教育的重要内容。近年来，国家对体育教育工作十分重视，印发了《关于全面加强和改进新时代学校体育工作的意见》等文件，这类文件对教育工作提出了明确的要求，也指明了发展方向。特别是国家体育总局、教育部印发的《关于深化体教融合　促进青少年健康发展的意见》，对高校体育教学提出了具体要求，为高校开展体育教学指明了方向。高职院校应认真学习领会国家相关文件精神，准确把握其深刻内涵和实践要求，深入分析高职体育教育与国家政策的关系，探索未来高职体育教育改革发展的新思路新举措，以促进学生健康成长、全面发展。

一、强化思想政治引领，将体育教育贯穿于人才培养全过程

高校体育教育工作是我国教育事业的重要组成部分，是促进学生全面发展的重要途径。学校体育教育可以促进学生身心健康发展，提高学生综合素质，培养学生团队合作精神和竞技意识，增强学生的自信心和自律能力。同时，学校体育教育也是实现全面建设社会主义现代化国家的重要支撑，有利于培养具有健康体魄和积极向上精神面貌的社会主义建设者和接班人。因此，加强和改进学校体育教育工作具有重要的现实意义和长远意义，对于推动教育事业的发展，促进社会全面进步具有重要作用。

高职院校要充分认识体育教育对于学校思想政治教育的重要意义，强化体育教育在人才培养全过程中的作用。一方面，体育课程是开展思想政治教育的重要载体之一，教师应充分利用体育课让学生掌握基本运动技能和健康知识，帮助他们养成终身锻炼的习惯；另一方面，学校应将体育课程纳入人才培养方案和课程教学计划，以提升学生身体素质和

综合素养为目标开展体育教学。另外，学校还要充分利用各类课余活动促进学生体育锻炼、健康成长，如开设阳光体育运动社团、组建校级运动队等。

（一）围绕"健康第一"的指导思想，推进体育教育课程改革

《关于全面加强和改进新时代学校卫生与健康教育工作的意见》强调"健康第一"的教育理念，要求学校将"健康第一"的理念融入教学中，促进学生健康成长。具体而言，高职院校要积极探索体育课程改革，全面推进体育教学改革。

一是强化思想政治引领，以正确的教育理念引领体育教学改革。将学生的身心健康放在首位，以增强学生体质，促进学生全面发展为目标开展体育教学工作。

二是调整课程内容和结构，合理设计体育课程。坚持以生为本，遵循体育教育规律和学生身心发展特点，不断创新体育课程教学模式和方法。

三是加强师资队伍建设，提高教师专业素养和业务能力。建立健全师资培训制度，定期对教师进行业务培训。

四是加大资金投入力度，改善体育设施设备。积极筹措资金为学校购置体育器材，完善运动场地等硬件设施，满足体育课程的开展要求。

五是建立完善的体育考核评价体系，鼓励学生积极参与体育运动。根据有关文件精神和要求，高职院校要进一步完善学校体育课、课外锻炼和竞赛活动制度，建立科学的评价机制和有效的激励措施，不断提高学生健康水平。

（二）坚持以学生为中心，强化体育教育实践活动

高职院校的体育教育要坚持以学生为中心，结合学生需求开展体育教育实践活动。一方面，高职院校要创新体育教育实践形式，可以采取理论与实践相结合的方式开展教学活动，为学生提供丰富的体育活动项目；也可以根据学生兴趣爱好开设特色体育社团，为学生提供多样化的

锻炼平台。另一方面，高职院校要转变体育教育理念，从单纯注重理论知识的传授向提高学生综合素质转变。体育教育应打破传统教学模式的束缚，以提高学生综合素质为目标开展教学活动，通过各种形式激发学生的学习兴趣。另外，学校还要积极组织开展各种体育运动竞赛活动，如篮球和足球等球类比赛、运动会等，以此激发学生参与体育运动的积极性和主动性。

（三）结合信息技术，丰富体育教育内容

在信息技术高速发展的时代背景下，信息技术对高职体育教育产生了深远的影响，特别是互联网平台的出现让体育教学方式发生了深刻的变革。高职院校应充分利用网络平台，通过信息化技术丰富体育教育内容，让学生根据自己的兴趣爱好选择想要学习的运动项目，如在学生体育课上开展"一师一优课"网络展示活动，通过上传相关视频或图片等方式进行展示。此外，高职院校还可以在课余时间组织开展线上体育课程，如体育知识竞赛、体育游戏比赛等，不仅可以让学生掌握更多的体育运动知识，还能提高他们对体育运动的兴趣。同时，学校还可以鼓励体育教师结合互联网平台创新体育教育模式，如在互联网平台上发布一些运动技巧视频、教学案例等。

二、适应时代发展要求，以体育教学改革推进高职院校人才培养模式创新

近年来，高职院校坚持立德树人的根本任务，不断加强体育教育，丰富体育教学内容，创新体育教学模式，深化体育教学改革。比如组织学生参加各类竞赛活动，创新开展"阳光大课间"活动，实施体育技能普及工程等，提高学生参与体育活动的积极性和主动性。同时，按照《教育部等四部门关于加快推进全国青少年冰雪运动进校园的指导意见》要求，大力推广冰雪运动项目进校园，着力建设校园冰雪运动特色学校。在此基础上，高职院校积极探索体育人才培养模式创新，着力推进学生体育素养提升和体质健康测试达标工作，促进学生健康成长和全面发展。

根据国家相关政策和文件精神，结合高职院校实际，在教学内容上，要重点加强学生健康知识和卫生习惯的教育，充分挖掘中华传统体育文化中蕴含的健康理念、运动技能和健身方法等，将其融入课程体系中，帮助学生树立"健康第一"的理念。在体育课程设置上，要进一步强化"健康第一"理念，以全面发展为目标，从"以技能为中心"向"以健康为中心"转变，要加强《国家学生体质健康标准》的教学与考核。在教学手段上，要充分利用信息技术手段辅助体育教学和考核工作，通过线上线下相结合的方式开展体育课堂教学，组织学生进行体质健康测试等。

近年来，全国高职院校不断加强学生体质健康测试工作，特别是新生体质健康测试工作，促进学生体质健康水平持续提升。目前，全国高职院校的体质健康测试合格率保持在95%以上。同时，一些高职院校充分利用课余时间组织学生开展体育活动，比如开展"小手拉大手"活动等，促进学生形成良好的锻炼习惯和健身方式。广东省高职院校以"双线四段"体育教学模式为抓手，建立"体育课+课外锻炼+技能普及"的学生体育锻炼新模式。这种教学模式能够有效激发学生参与体育运动的积极性和主动性，为学校体育教学改革注入新的活力。

高职院校在体育教学改革中，一方面要推进教学改革创新，丰富体育教学内容，提升体育教育的质量，提高学生的身体素质；另一方面要创新体育教学模式，以学生为中心，运用现代化技术手段，提高课堂教学效果。比如以"互联网+"为载体，将线上线下教学相结合，充分发挥网络平台优势，采取"云课堂"的形式进行线上授课。同时，组织教师制作运动技能类网络教学视频及微视频资源，通过微信公众号、微课平台、应用软件等新媒体形式进行传播，指导学生利用网络平台进行自主学习。

三、助力教育升级：优化课程体系、明确人才培养目标、深化改革创新

根据国家政策导向，明确人才培养方向，突出专业特色，确定体育教育专业培养目标，制定科学的课程体系。如在健康管理专业中，可将"体育教育"作为核心课程；在社会体育方向中，可将"运动康复"作为核心课程。高职院校要根据国家政策导向，结合学校自身优势、办学特

色等实际情况，制定适合自己的体育教育人才培养方案。要注重培养学生的体育技能，注重培养学生的健康意识和健康行为，注重培养学生的体育道德和意志品质。高职院校要不断深化教育教学改革，加强学科建设和教材建设，不断提升学校体育教学水平。

（一）顺应国家政策发展要求，完善课程体系

高职体育教育在国家政策指引下，应以国家体育事业发展要求为导向，加强顶层设计，完善课程体系建设。

一是以国家政策为指导，结合学校实际情况，修订和完善人才培养方案，科学合理地安排体育课程内容，注重基础知识的传授和基本技能的训练。

二是注重课程内容的实用性。高职院校应结合不同专业对人才培养规格的要求，根据专业特点和实际需求，对教学内容进行适当调整。可根据高职体育专业课程设置，适当增加相关体育文化知识、技能和体育科学研究等内容；根据不同专业的实际情况，适当增加有关职业能力训练、体能训练、健身养生等方面的内容。

三是加强与其他课程的衔接。高职院校应结合高职人才培养方案和专业课程设置要求，合理安排体育教育课程时间，通过课堂教学、实践教学和课外活动相结合的方式，向学生传授体育知识和技能以及科学的锻炼方法。

四是加强师资队伍建设。高职院校应充分发挥现有师资力量的优势，不断提升教师业务能力水平；建立健全师资培训制度和考核机制，严格师资队伍建设考核标准和监督机制。

（二）明确人才培养目标，突出专业特色

高职院校应根据自身的办学定位、办学优势和人才培养目标，有针对性地确定体育教育人才培养方案。

1. 注重学生体育技能培养，加强学生健康意识

体育教育是高职院校教学工作的重要组成部分，是促进学生全面发展的重要手段。在高职教育中，应该把培养学生体育技能和健康意识放

在第一位，注重体育教育与健康教育的融合。首先，学校体育教学要充分发挥体育教师的主导作用，激发学生学习体育的兴趣，培养学生良好的身体素质。其次，在高职院校开展"阳光体育运动"，保证学生每天至少一小时的校内体育锻炼时间，培养学生的健康意识和健康行为。最后，高职院校要发挥学校体育场地和设施资源优势，加强与社区、企业等机构的合作，积极开展各种类型的课外体育活动。通过各种形式和途径加强学生的健康意识，促使他们养成良好的生活习惯和健康行为。

2. 注重学生体育道德和意志品质的培养，提升学生体育素养

高职院校应充分认识体育教育对于提高学生综合素质、培养全面发展人才的重要作用，把培养学生的体育素养作为学校体育的核心目标。在学校体育课程建设中，要将体育教育教学内容纳入学生的基础课程中，让学生在掌握基本知识和技能的同时，能养成良好的体育运动习惯，形成终身运动的意识。在学校体育课程建设中，要注重对学生的心理健康教育和人格培养，重视对学生进行集体主义和爱国主义教育，培养学生积极参与体育活动的热情。此外，要通过多种形式开展丰富多彩的课外活动和竞赛活动，让学生在体育运动中感受快乐、体验成功，让他们在活动中磨炼意志、培养品质、增强体魄。

（三）深化改革创新，适应社会发展需求

高职院校应根据国家政策导向和社会需求，不断深化改革创新，让学校体育教育能更好满足国家和社会对体育人才的需求，更好地服务社会。

高职院校应根据社会发展需要，从学生实际出发，及时修订体育教学大纲和人才培养方案，不断更新教学内容和教学模式。在课程体系设置上，应根据国家相关政策要求及专业培养目标，合理设置体育课程，同时注重加强学生健康教育知识和技能的学习。

高职院校应以学生为中心，充分发挥教师的主导作用和学生的主体作用，不断创新教学方法和教学手段，努力实现课程内容与社会需求相衔接。在教学内容上，高职院校应及时更新体育教材内容和教学方法，根据市场需求及人才培养目标及时调整课程设置。在课程实施上，高职

院校应充分利用学校资源和自身优势开展多种形式的体育活动、竞赛等，为学生提供更多的参与机会。在课程评价上，高职院校应建立完善科学的评价机制和多元化评价体系。

四、弘扬中华体育精神，注重提升高职学生综合素质

弘扬中华体育精神是非常重要的，它代表了中华民族对体育的热爱，以及顽强拼搏、团结协作等精神。学生的综合素质不仅包括学术能力，还应该包括体育素质、道德素质、创新能力等，通过提升学生综合素质，可以促进学生全面发展，让他们具备较强的竞争力和综合能力，适应社会的发展和变化。

（一）开展体育文化活动

组织体育文化节、体育艺术表演等活动，让高职学生更深入地了解和感受中华体育文化，培养他们对体育的热爱和认同感。通过这些活动，学生可以接触到丰富多彩的体育文化形式，如传统武术、民间体育游戏、传统体育节庆等，从中领略中华民族对体育的热爱和追求。体育艺术表演可以展示体育运动的美感和艺术性，激发学生对体育艺术的兴趣和热情。

在这些活动中，学生不仅可以参与体育比赛和表演，还可以了解体育背后的文化内涵和历史渊源。他们可以通过亲身体验和观摩，感受到中华体育传统文化的博大精深，体会体育精神所蕴含的团结、拼搏、奉献等价值观。这种体验不仅可以激发学生对体育的热爱，还可以培养他们的团队合作能力、领导才能和文化自信心，从而全面提升他们的综合素质和文化修养。

通过组织体育文化节和体育艺术表演等活动，学校可以营造积极向上的体育文化氛围，让学生在欣赏体育艺术的同时，也能深刻体会到中华体育传统文化的魅力和内涵，从而在综合素质的提升过程中更加增强文化认同感和自信心。

（二）推动体育科研和创新

通过参与体育科研项目，学生可以深入了解体育领域的前沿研究和技术发展，培养他们的科学思维和研究能力。同时，参与创新实践可以让学生将理论知识与实际运用相结合，锻炼他们的动手能力和解决问题的能力。

在体育科研项目中，学生可以选择自己感兴趣的课题进行深入研究，通过实验、调研和数据分析等方式，探索体育领域的新知识和新技术，为学科发展和实践应用做出贡献。同时，参与创新实践可以让学生将所学知识应用到实际项目中，培养他们的创新思维和团队合作能力，提升他们的实践能力和综合素质。

通过鼓励学生参与体育科研项目和创新实践，可以激发学生的学习热情和创造力，培养他们的综合素质和竞争力，为他们未来的发展打下坚实的基础。同时，这也有助于推动体育领域的科研创新和实践应用，促进体育事业的发展和进步。

（三）强化体育教育与职业技能结合

将体育教育与相关职业技能结合，开设体育健康管理、体育产业经营等课程，可以帮助学生在学习体育知识的同时，掌握实用的职业技能，提升他们的综合素质和就业竞争力。体育健康管理课程可以教授学生如何设计和实施健康促进计划，管理运动队伍或健身中心。而体育产业经营课程则可以培养学生在体育产业中的管理、营销、运营等方面的能力，帮助他们了解体育产业的发展趋势和商业模式，为未来的就业和创业打下基础。

通过开设这些课程，学生可以在校期间就开始接触和学习与体育相关的职业技能，为他们毕业后顺利就业提供更多选择和机会。同时，这些课程也有助于培养学生的创新意识、团队合作能力和领导才能，让他们成为具备综合素质和职业技能的优秀人才。这样的教育模式不仅符合社会对人才的需求，也为学生的个人发展和职业规划提供了更多可能性。

（四）营造体育文化氛围

为了营造积极向上的体育文化氛围，学校可以开展各种体育活动和赛事，如运动会、篮球比赛、足球联赛等，吸引学生积极参与。同时，可以组织健身训练营、户外徒步活动、志愿者服务等公益活动，让学生感受体育的乐趣和快乐，培养他们的团队合作精神和社会责任感。

此外，学校还可以邀请体育明星、健康专家等来校做讲座和交流，分享他们的成功经验和健康生活理念，激励学生树立正确的健康观念和积极的人生态度。同时，学校可以建立健康生活俱乐部、体育科普小组等，定期举办健康讲座、体育知识竞赛等活动，让学生在轻松愉快的氛围中学习健康知识，培养健康的生活方式。

通过以上举措，学校可以在校园内营造积极向上的体育文化氛围，倡导健康生活方式，激励学生参与体育锻炼和公益活动，促进他们的综合素质全面提升，为他们的未来发展打下坚实的基础。

五、面向全民健康服务，促进青少年身心健康全面发展

体育教学是学校教育的重要内容，是实施素质教育的重要途径，也是促进学生身心健康全面发展的重要手段。2018 年 9 月，习近平总书记在全国教育大会上指出，要树立健康第一的理念，培养德智体美劳全面发展的社会主义建设者和接班人。①党和国家高度重视青少年健康成长，把青少年体育锻炼纳入国民教育体系，列入教育改革和发展规划纲要，要求学校开齐开足体育课。

高职体育教育应充分发挥自身优势，为社会提供更多的体育公共服务，不断满足人民群众日益增长的体育需求。

一是发挥场地设施优势。高职院校拥有丰富的运动场地和设施设备，高职院校应充分利用自身优势，积极参与到全民健身运动中来。高职院校可与政府、企业等合作共建公共体育场馆，利用学校自身条件，打造

① 中共中央党史和文献研究院：十九大以来重要文献选编（上）[M]. 中央文献出版社，2019：652.

符合实际的全民健身活动场所和设施，如与体育协会合作创建社区健身中心、全民健身活动中心等，为市民提供更多的健身服务。

二是积极开展体育公益服务。高职院校作为体育公益服务的重要主体之一，应加强与社会各界合作，积极参与到全民健身运动中来。一方面，可通过举办相关比赛等为全民健身活动提供场地和设施设备支持；另一方面，高职院校可以充分利用自身优势资源为群众提供各种体育活动指导和服务，如开展健身讲座、咨询服务、培训等，在普及推广健身知识和科学健身方法，指导群众参加体育锻炼，引导群众树立正确的体育锻炼观念和科学的体育锻炼方法等方面发挥作用。

三是推进健康中国建设。高职院校作为促进青少年健康成长的重要力量之一，应积极响应国家号召，大力推进青少年健康教育工作，让学生了解科学合理的体育锻炼知识和方法，树立健康理念，培养良好习惯，引导青少年养成科学健身、健康生活的方式，实现学生身心健康全面发展。高职院校可联合社会力量为青少年提供丰富多样的体育活动场所和设施设备，还可以联合社区组织开展"一校一品""一校多社"的创建工作，促进青少年健康成长。

第八章　高职体育教学与课程思政

本章主要研究高职体育教学与课程思政的关系。高职体育教学具有独特的教育价值，不仅仅注重学生的体育技能培养，更注重培养学生的思想道德素质和社会责任感。通过融入思想政治教育元素，高职体育教学能促进学生的全面发展，培养他们的社会主义核心价值观以及正确的世界观、人生观、价值观。

首先，高职体育教学与课程思政有着内在的联系。体育作为一门综合性的学科，既关注学生的身体健康，也关注学生的心理、道德等多个方面。通过体育课程中的思政教育，学生可以在运动中受到价值观念的熏陶，使他们形成正确的人生观和价值观。

其次，高职体育教学可以通过实践活动来培养学生的思政素养。体育课程通常包括体育比赛、团队活动等实践内容，通过这些实践活动，学生可以锻炼自己的意志品质、团队合作能力和社会责任感。这些实践经验将为学生的思政教育提供有力的支持，使他们能够更好地理解和践行社会主义核心价值观。

此外，高职体育教学还可以通过教学内容和教学方法来进行思政教育。教材中的案例分析和讨论，以及教师的示范和引导，都可以让学生更深入地理解社会主义核心价值观，并将其融入自己的日常行为中。思政教育的引导可以让学生在实际生活中能够更好地应对各种挑战和困惑。

总之，高职院校开展体育课程思政应充分发挥教师和学生的主动性，灵活运用各种教学方式和教学方法，不断丰富教学内容，创新教学模式，开展各种类型的体育课外活动，提高学生身体素质。同时，在高职院校开展体育课程思政，可以更好地为学生未来发展奠定基础。教师应该认识到学生未来发展所需的综合能力，结合社会对人才需求标准，制定符合学校实际情况和人才培养目标的体育教学内容。同时，在教学过程中应将德育目标融入教学内容中，结合学生学习能力和未来发展需求，设计出适合学生学习能力和未来发展需求的体育课程内容。在进行体育教学时，教师要鼓励学生积极参与各种形式的课外活动，不断提升自身综合能力和综合素质。

第一节　高职体育课程思政的培养目标及意义

新时代背景下，高职院校要积极落实党对教育工作的要求，将课程思政理念与体育教学相融合，通过丰富课程内容、创新教学模式等方式激发学生的学习热情，在丰富学生课余生活的同时，让学生树立正确的价值观念和理想信念。为此，学校应积极制定完善的教学方案，将课程思政理念与体育教学相融合，从而促使学生全面发展。

一、完善课程体系，明确培养目标

新时代背景下，我国对人才培养工作提出了更高的要求，不仅要培养学生的专业知识和技能，还要重视学生的思想道德和心理素质。为此，高职院校应结合国家人才培养目标，建立完善的课程体系，加强对学生的思想政治教育工作，让学生养成健康向上的心态。在体育教学过程中，教师可以通过引导学生参加各类体育竞赛来激发他们学习体育知识和技能的热情，促使他们积极参与到体育运动中来，提升学生的合作精神和竞争意识，帮助学生在体育竞技活动中学会相互配合、相互帮助，帮助学生在日常学习生活中树立正确的世界观、人生观、价值观，为他们未来的发展奠定坚实的基础。同时在课堂教学过程中，教师也要注重培养学生艰苦奋斗、吃苦耐劳、遵纪守法、诚实守信、热爱祖国等优秀品质和行为习惯，从而使他们在日后的生活和学习过程中能够积极面对各种困难和挑战。

（一）遵纪守法

遵纪守法是社会主义核心价值观的重要内容，也是学生应具备的基本素质之一。在体育活动中，学生需要遵守比赛规则和纪律，有助于他们团队合作精神和竞技意识的养成，同时也能够锻炼他们的自律能力和遵守规则的意识。教师可以通过讲解比赛规则和体育精神，引导学生养成遵守规则、尊重裁判和对手的良好习惯。此外，教师还可以组织学生参加体育赛事和运动训练，让他们在实践中体会遵守规则的重要性，培养良好的体育素养和行为意识。

（二）诚实守信

在日常生活和学习中，诚实守信是人们都应该遵循的道德规范，也是每个人都应具备的基本素质，在体育运动中，诚实守信也是体育精神的重要体现。因此，高职院校应在体育教学中充分利用体育运动帮助学生树立正确的人生观和价值观。在体育比赛过程中，体育教师要监督学生遵守规则，不可作弊或违规。如果发现有违反规则的行为，应该提出异议并由裁判员做出判断。在日常学习和生活中也应该以诚信为原则，遵守各种规章制度和法律法规。这样才能真正体现体育精神中的公平、公正、公开、严谨等。

（三）热爱祖国

热爱祖国是中华民族的优良传统，在新时代背景下，高职院校教师应当继续加强对学生的爱国主义教育，让他们深刻了解到祖国是他们发展道路上的坚强后盾。因此，教师在开展体育教学时要引导学生，让他们树立正确的爱国主义观念。此外，教师还可以通过组织体育活动来激发学生的爱国情怀和民族自豪感，在比赛中让学生感受运动员所展现的顽强拼搏精神，并引导他们将这种精神应用到日常学习生活中去，潜移默化地让学生树立起正确的人生观和价值观，从而让他们更好地认识到自己所肩负的使命和责任。

（四）团结协作

高职院校的学生很多来自不同的地方，在性格、生活习惯、学习方式等方面都存在较大的差异，因此在课堂教学过程中教师应充分尊重学生的个体差异，积极为他们营造良好的学习氛围，同时也要重视他们在学习过程中所存在的问题。高职院校中很多体育比赛项目都是多个班级共同参加的，比赛项目的开展需要学生之间相互配合和协作才能完成，在教学过程中教师应注重培养学生的团队合作意识，鼓励他们互相学习、互相帮助、共同进步。在体育运动项目中，学生不仅能够收获成功带来的喜悦，还可以通过和其他同学合作完成比赛项目，体会到集体荣誉带来的快乐。

（五）吃苦耐劳

吃苦耐劳是中华民族的优良传统，是中华民族在几千年的发展过程中所积累的宝贵精神财富。在社会快速发展的今天，高职院校更应该培养学生吃苦耐劳、坚韧不拔的优秀品质，让他们能够在日后的工作和生活中积极面对各种困难和挑战，不断实现自我价值。在体育教学过程中，各类体育运动项目不仅要求学生具备精湛的专业技能，还要具有吃苦耐劳、顽强拼搏的精神。

二、丰富教学内容，创新教学模式

高职院校体育教育工作应以立德树人为根本，围绕学校的培养目标，充分发挥体育教育的功能和作用，将课程思政理念与体育教学相融合，不断丰富教学内容，创新教学模式。通过开展多种形式的体育活动，如趣味运动会、比赛活动等，不断激发学生学习的兴趣和热情，让学生在体育运动中感受到乐趣。学校可以根据自身实际情况设置不同类型的体育课程教学内容和教学方法，可以将身体素质训练和思想道德培养相结合，不断增强学生学习体育知识和技能的兴趣和热情。

（一）体育课堂

在开展体育课堂教学时，教师要结合不同课程内容和特点，灵活运用教学方法，创新教学手段，不断提高体育课堂教学质量。例如，在进行篮球教学时，教师可以采用"小组合作"的形式进行教学。体育教师可以将学生分成若干个小组，每个小组选出一名学生担任"领队"。"领队"在组织篮球比赛时，要带领整个小组成员合理分工，相互配合完成比赛任务。"领队"还要对参赛队员进行比赛策略的指导和提醒。此外，教师还可以采用"情景模拟"的形式进行教学。在教学内容方面，教师可以将学校的校史、校纪校规等相关内容融入课堂教学中，同时向学生介绍学校的发展情况以及学校近年来取得的重大成就，可以让学生了解学校所取得的成绩以及学校在体育教学中所采取的措施等。

在日常生活中要对学生进行良好行为习惯和道德品质的培养。例如在教授"体育礼仪"这一课程时，教师可以向学生介绍礼貌用语使用场景和注意事项，教师还可以向学生讲解如何与他人沟通交流，以及如何提高个人素质和修养等，讲解过程要尽量生动有趣、形象具体，让学生易于理解所讲内容。

（二）课外活动

学校可以根据自身实际情况，将体育教学内容和课外活动相结合，开展各种形式的体育课外活动。此外，学校还可以组织各种体育社团，让学生通过体育社团的学习和锻炼，不断提高自己的综合能力。高职院校应将培养学生的人文精神作为教学工作的重要内容，通过开展各种形式的体育课外活动，让学生在体育活动中感受到团结合作、顽强拼搏等精神品质。

（三）校园文化

校园文化的建设也是实现体育课程思政培养目标的重要途径，良好的校园文化氛围可以增强学生的自信心和集体荣誉感，帮助学生树立正确的人生观和价值观，从而形成健康的人格。高职院校可以组织各类体育活动，让学生在活动中感受集体荣誉感，培养竞争意识，不断提高个人综合素质和能力。同时，还可以鼓励学生参加各种体育社团活动，让学生在社团中感受到团队合作的重要性，在参与各种体育活动中感受体育运动带来的乐趣。

三、优化考核方式，实现全面发展

课程思政理念下，高职院校要对体育教学进行合理的考核，这不仅可以全面反映学生的体育成绩，还可以让学生对体育学习产生更高的热情，从而促使学生养成健康积极的心态。在考核方式上，高职院校要以学生为主体，以学生的日常表现为主要考核内容。首先，教师可以根据学生的身体素质和体育技能水平等实际情况制定具体的考核方案。例如，在一堂体育课中，教师可以将体能测试作为考核内容，如果某名学生在测试中不达标，教师就要对该名学生进行一对一的辅导和帮助，同时教师还要适当进行鼓励，并将这一表现计入该名学生的总成绩中。其次，在体育课程考核过程中，教师要注重对学生品德的考核，教师可以将学生平时参加体育活动的情况及时记录下来。最后，教师还要注重对学习态度和学习效果的考核，这样才能充分体现出课程思政理念在体育教学中的价值所在。

综上所述，高职院校要将课程思政理念与体育教学相融合，通过创新教学模式、丰富教学内容等方式来激发学生的学习热情，培养其良好的思想道德品质以及良好的身体素质。

（一）多元化考核方式

采用多元化考核方式是教育评估的一种趋势，它能够更全面地评价学生的学习情况和发展水平，不再只依赖于单一的考试成绩来评价学生，而是综合考虑学生的课堂表现、作业质量、项目成果等多方面因素。通过综合评价，可以更准确地了解学生的综合能力和素养，促使他们全面发展。

课堂表现是学生学习态度和参与程度的呈现，通过观察学生在课堂上的表现，可以了解他们对知识的理解和掌握程度。作业质量反映了学生对所学知识的消化和运用能力，通过作业的评价可以发现学生的学习问题并及时进行指导。项目成果则考查学生的创新能力和团队合作能力，有利于培养学生的综合素养和实践能力。

综合考虑多方面因素，可以更全面地了解学生的学习情况，帮助他们发现自身优势和不足，促进个性化发展。避免单一考试成绩对学生发展带来的局限性，让学生在多元化考核中得到更全面的成长和发展。多元化考核方式不仅有利于学生的综合素养提升，也能够激发学生学习的兴趣和动力，推动他们在学习道路上不断进步。

（二）注重考核与学习目标对接

在教育评估中，注重考核与学习目标的对接是非常重要的。确保考核内容与教学目标的一致性，可以有效地评估学生对知识、能力和素养的掌握情况，促进学生全面发展。通过对考核方式的精心设计，可以更好地反映学生在课程学习中的实际水平和表现，帮助他们更好地理解和掌握所学内容。

注重考核与学习目标的对接是教育评估中的关键环节，只有通过全面、多元化的评价方式，才能更好地促进学生的全面发展，帮助他们实现个性化的学习目标。

（三）鼓励学生自我评价和互评

鼓励学生参与自我评价和同学间互评，是培养学生自我认知和团队合作能力的重要途径。通过自我评价，学生可以反思自己的学习过程和成果，了解自己的优势和不足，从而更好地制订学习计划。同时，同学互评可以促进学生之间的交流和合作，让他们在评价过程中相互学习、共同进步。

在进行自我评价和同学互评时，教师可以设置明确的评价标准和指导性问题，引导学生进行深入思考和全面评价。学生可以通过书面或口头形式表达自己的看法，并接受他人的评价和建议。在这个过程中，学生不仅可以提高自我认知能力，还可以培养其批判性思维和沟通能力。

此外，教师还可以组织学生进行小组讨论或项目合作，让他们在团队中相互协作、互相支持，共同完成任务并互相评价。通过团队合作，学生可以学会倾听他人意见，尊重他人观点，培养团队合作精神和解决问题的能力。

四、结语

新时代背景下，我国体育事业应紧跟时代步伐，深入贯彻落实党的教育方针，培养全面发展的高素质人才。基于此，各大高职院校应积极落实课程思政理念，通过将课程思政理念与体育教学相融合，促使学生养成健康、积极、阳光的心态。与此同时，高职体育教师也要积极转变思想观念，将课程思政理念融入体育教学，从而促进学生综合素质的全面提升。学校还应重视体育课程思政教学评价体系的构建，通过完善教学评价体系，丰富教学内容，创新教学方式激发学生学习热情，培养他们的体育精神。与此同时，学校也应加强对体育教师的培养力度，以确保学校的体育课程思政能够顺利开展。

第二节　高职体育课程思政的内涵及教学设计

体育课程思政是高校推进课程思政建设的重要手段，是落实立德树人根本任务的重要途径。在高职体育课程思政教学设计中，应以中国梦为引领，充分发挥体育课堂的育人作用，在体育课程教学中融入思政元素，结合学生实际情况，将体育知识与思想政治教育有机结合，积极探索体育课程思政教学模式。高职体育课程思政教学设计要重视学生的主体地位，以学生为中心，充分调动学生的积极性和主动性；要深入挖掘体育课程中所蕴含的思政元素，将思想政治教育融入体育教学实践中；要不断丰富教学方法，创新教学手段；要充分发挥体育教师在课程思政建设中的作用；要建立有效的评价体系，全面提高高职院校体育课程思政建设水平。

随着经济的发展和社会的进步，体育逐渐成为人们日常生活中不可或缺的一部分。目前，我国高职院校在人才培养过程中，将思政教育贯穿于整个教学体系中，将体育课程与思政课程相结合，不仅可以满足高职院校学生未来就业和发展的需求，还能让学生同时拥有强健的体魄和良好的心理素质。在新时期，体育课程思政建设成为高职院校落实立德树人根本任务的重要途径。为进一步提高高职院校体育课程思政教学效果，促进学生综合素质的发展，本节从体育课程思政的内涵出发，分析高职院校体育课程思政建设面临的困境和挑战，并在此基础上提出相应的对策和建议，为进一步促进高职院校体育课程思政教学质量和水平的提高，为培养高素质、高技能人才提供有力保障。

一、高职体育课程思政的内涵及意义

高职院校是培养高素质技术技能人才的摇篮，肩负着为社会培养高素质技术技能人才的使命。在高职院校开展课程思政建设是时代发展对

学校提出的要求，高职院校要加强思政教育，培养学生良好的道德品质和良好的行为习惯。体育教学作为高职院校德育的重要组成部分，具有自身的特点和优势。在高职院校开展体育课程思政建设，可以通过体育课程教学对学生进行思想政治教育，引导学生树立正确的人生观和价值观，让学生在学习过程中感受到真善美。同时，也能有效提高高职院校体育课程的教学质量和学生自身素质。

体育课程思政是在体育课程中融入思政元素，将立德树人作为教育目标的一种教学理念，旨在培养具有正确价值观和良好道德品质的人才。体育课程思政是新时代背景下的一种教育模式，其目标是培养德智体美劳全面发展的社会主义建设者和接班人。因此，在教学过程中，教师要坚持以立德树人为根本任务，将体育课程思政教育融入体育课程教学中，实现体育与德育同向同行，协同育人。具体来说，教师在体育课程思政建设过程中需要将德育和体育相融合，从而提升学生的道德水平和心理素质。同时，在体育课程思政建设过程中还需要坚持以人为本的原则，尊重学生的主体地位和价值需求，充分发挥教师的主导作用。在体育课程思政建设过程中还需要充分发挥"第一课堂"和"第二课堂"的作用，使二者相互补充，协同发展。此外，还需要在体育课程思政建设过程中坚持"健康第一"的原则。

（一）有利于提升体育教师的思政水平

教师是高职院校开展体育课程思政建设的重要主体，教师的思想政治水平直接决定着体育课程思政建设的效果。当前，高职院校的体育教师在思想政治方面还存在着一定的不足，对思政教育重视不够，忽视体育教学对学生的思想教育作用，导致高职院校体育课程思政建设效果不理想。在高职院校开展体育课程思政建设过程中，要充分调动体育教师的积极性和主动性，使其能够积极主动地参与到思政教育工作中来。这就需要教师在教学过程中坚持正确的政治立场和思想观念，提高自身的政治素养。教师在进行思政教育时要不断学习，不断探索思想政治教育的方法和途径，从而提升自身思想政治理论水平。只有体育教师不断提升自身思想政治水平，才能充分发挥体育课堂教学在思政教育中的作用。

在高职院校开展体育课程思政建设过程中，高职院校要对体育教师进行培训和指导，提高其思政水平。首先，高职院校要定期组织体育教师参加思想政治教育方面的培训活动，提高体育教师的思想政治理论水平和素养。其次，高职院校要重视体育教师的思政教育培训工作，为教师提供良好的学习机会和交流平台，使其能够充分了解思政教育方面的知识。同时，还要引导体育教师加强自身思想政治理论学习，提高对思想政治教育工作的认识和理解程度。最后，高职院校要通过考核机制来提高体育教师思政教育水平。考核机制是对体育教师思政教育工作进行评价的重要手段，高职院校可以通过建立健全考核评价体系促进思政教育工作水平的提升。在考核机制中可以加入对体育教师思政教育工作开展情况的考查内容，对其定期考核。考核结果与工资、职称等挂钩，使其认识到思政教育工作对于自身发展的重要性。

（二）有利于实现学生综合素质的提升

在高职院校开展体育课程思政建设，可以充分发挥体育课程的育人功能，引导学生在体育锻炼中实现道德认知、情感体验和行为养成的统一。首先，通过体育锻炼，学生的身体素质可以得到提升。高职院校在开展体育课程教学时，将思想政治教育融入教学内容中，通过锻炼学生的身体素质提高学生的综合素质。例如，在开展篮球课程教学时，教师可以组织学生进行篮球训练、比赛等活动，在锻炼身体的同时，学生可以体验到团队协作和拼搏进取的精神。其次，通过体育锻炼能够让学生养成良好的行为习惯。在高职院校开展体育课程思政建设过程中，教师可以引导学生在日常学习生活中养成良好的习惯。例如，在进行篮球训练时，教师可以要求学生合理安排好时间、注意安全等，使其养成良好的生活习惯、学习习惯、行为习惯等。

（三）有利于高职院校体育课程教学改革

课程思政是当前高校思想政治教育工作的重要内容，体育课程思政是高职院校体育课程教学改革的重要方向。将思想政治教育融入高职院校体育课程教学中，不仅可以培养学生形成良好的思想道德品质，还能促进高职院校体育课程教学改革，进而提升学生的综合素质和能力。当前，随着社会的发展和时代的进步，学生的思想观念发生了巨大变化。在这种情况下，高校体育教师要从学生的角度出发，改变传统教育观念和教学方法。

二、高职院校体育课程思政建设面临的困境及对策

（一）困境和挑战

第一，部分高职院校在开展体育课程思政教学过程中，由于对体育课程思政的内涵理解不够深刻，对体育课程思政不够重视，导致在开展体育课程思政教学过程中存在内容单一、形式呆板、目标不明确等问题，难以满足新时期高职院校学生的实际需求，一定程度上制约了高职院校体育课程思政教学效果的提高。

第二，目前部分高职院校在开展体育课程思政教学过程中缺乏有效的教学目标和评价体系，导致无法对学生学习情况进行科学全面的了解，不能根据学生不同阶段的特点和需求实施个性化教学。

第三，部分高职院校在开展体育课程思政教学过程中，仍然采用传统的以教师主体的教学方式，教师在体育课程中采用传统的灌输式教学方法，没有将思想政治教育贯穿到整个教学过程中。

第四，部分高职院校在开展体育课程思政教学过程中缺乏有效的教学资源和实践平台，无法充分发挥高职院校校园体育文化对学生思想政治教育的作用。

（二）对策和建议

一是深化体育课程思政改革，坚持以育人为根本、以立德为导向、以体育课程教学为主阵地，让学生在体育活动中提高综合素质，通过体育课程思政促进学生的全面发展。

二是加强师资队伍建设，不断提升教师的思想政治素养和文化素养。

三是创新体育课程思政教学模式，以培养学生创新能力和实践能力

为目标，鼓励教师利用现代化信息技术手段，丰富教学形式，通过开展多种多样的体育活动，提高学生的团队协作能力。

四是健全课程思政评价体系，建立科学有效的评价体系，让学生的发展评价更具客观性、全面性和科学性。

五是加强课程思政建设的顶层设计，从制度上保障体育课程思政建设工作有序进行。

六是加大对高职院校体育课程思政建设工作的经费投入力度。

三、体育课程思政教学设计

（一）教学目标

高职体育课程思政的教学目标，主要包括三个方面：一是增强学生的体育意识，让学生懂得体育运动的价值和意义；二是增强学生的心理素质，让学生在锻炼身体的同时，能够充分感受到体育运动所带来的乐趣，培养他们不怕吃苦、坚韧不拔、勇于挑战和敢于创新的精神；三是培养学生的团队合作精神和责任意识，让学生在体育运动中能够团结协作、相互配合。

（二）教学重点

体育课程思政教学重点是引导学生在体育运动中既要锻炼身体，又要重视体育精神和品质，通过体育课程学习实现自身价值。具体而言，高职体育课程思政教学重点有以下两个方面。

一是注重对学生体育价值观和体育精神的培养。高职体育课程思政教学要树立正确的价值观，加强对学生正确世界观、人生观、价值观的培养。高职体育课程思政教学要让学生懂得体育运动中所蕴含的体育精神和文化，引导学生树立正确的体育观。

二是注重对学生自我约束能力的培养。在体育运动中，学生在一定程度上会出现自我放纵和自我约束不强等情况，这就需要高职体育教师对学生进行正确引导和约束。高职体育课程思政教学要在确保安全和健康的前提下，帮助学生进行合理的身体锻炼，避免因过度运动而出现意外伤害。在体育运动中会出现各种各样的突发情况，这就需要高职体育教师要培养学生的心理素质和自我调节能力，高职体育课程思政教学要让学生在体育运动中学会如何应对各种突发情况并及时调整自己的状态。

（三）教学方法

高职体育课程思政教学方法主要包括以下三种。

一是榜样示范法。榜样示范法是指教师在教学过程中通过给学生树立榜样，让其感受到榜样力量的作用。例如，在进行篮球运动时，教师可以在课堂上通过讲述篮球运动员在比赛中顽强拼搏、不怕困难、敢于挑战和创新技术等典型案例，激发学生的学习热情，增强自信心，进而在实践活动中培养其艰苦奋斗、勇于拼搏、不畏艰难等优良品质。

二是激励法。激励法主要是通过奖励和鼓励来激发学生学习的兴趣和热情。例如，在进行足球运动时，可以对表现优秀的学生给予奖励，对表现不佳的队员给予鼓励。

三是实践法。实践法就是教师指导学生通过体育运动来亲身体验体育的美。例如，教师可以组织学生开展一些具有趣味性、挑战性和参与性较强的体育运动项目，让学生在体育活动中体会运动之美、锻炼之美以及人格之美等多方面内容，进而培养其良好品德和行为习惯。

（四）评价机制和教学组织形式

高职体育课程思政教学评价是对教学效果进行检测和反馈的重要手段之一。高职体育课程思政教学评价要坚持以促进教学质量提升为目标，坚持科学、客观、公正和全面的原则，要构建全面、系统、科学的评价体系；要加强对高职体育课程思政教学质量评估方法的研究，要建立有效的评价反馈机制和方法。

高职体育课程思政教学组织形式主要有三种：一是"线上+线下"混合式教学模式；二是"课前+课中"理论讲解模式；三是"线上+线下"情景模拟模式。三种教学组织形式各有特点和优势，教师在进行高职体育课程思政教学设计时应根据实际情况灵活选择。

四、建设举措

（一）加强学习，提高认识

高职院校体育教师应深刻认识到课程思政建设的重要性，要认真学习相关文件精神，积极探索体育课程思政建设模式，全面提高自身的政治素养和教学能力。

（二）广泛调研，深入挖掘

高职院校应加强对体育课程思政建设的研究，多角度、全方位、深层次地挖掘体育课程中所蕴含的思政元素，将思想政治教育融入体育教学实践中。同时，高职院校还应充分发挥学校领导、辅导员、班主任、体育教师的作用，切实做好体育课程思政建设工作。

（三）丰富方式，创新手段

高职院校要充分利用现代化教学手段和教育技术手段，不断丰富体育课程思政教学方式和教育手段，将传统的讲授式教学转变为启发式教学，通过多媒体技术将抽象的理论知识具体化、形象化。同时，高职院校还要积极开展线上线下相结合的教学模式，借助互联网和多媒体设备进行体育课程思政建设工作。

（四）注重实践，提升能力

高职院校应积极组织教师参与各类技能大赛和教学比赛，提高体育教师的实践能力和综合素质。同时，高职院校还应加大对体育教师的培训力度，通过多种方式提升体育教师的专业技能和育人能力。

（五）注重评价，形成体系

高职院校应建立健全科学合理的课程思政评价体系，将学生在体育课程的表现纳入综合测评体系中，同时还应将课程思政建设纳入学校教师考核评价体系。

五、结语

高职院校体育课程思政教学设计及建设举措是新时代高职体育教学改革的重要内容，也是高职体育教育改革的重要发展趋势，对提升学生体育素养和综合素质，增强学生体质，培养德智体美劳全面发展的社会主义建设者和接班人具有重要意义。对高职体育课程思政教学设计及建设举措进行研究，旨在提高体育教师的育人意识和教学水平，充分发挥体育课堂的育人功能，引导学生形成正确的世界观、人生观、价值观。高职院校应积极开展体育课程思政教学设计及建设举措研究，通过科学合理地设计课程思政教学内容，创新教学方法，将思想政治教育融入体育课程中，实现课程思政与体育教育的融合。同时，高职院校应加强对课程思政建设的重视程度，从多方面着手，形成长效机制，建立有效的评价体系和考核制度，全面提高高职院校体育课程思政建设水平。

第三节　高职体育课程改革的内容和意义

高职体育教学改革的基本内容，主要是将学生的身体素质培养与课程教学有机结合，促使学生通过体育锻炼，达到强身健体的效果。高职院校体育教学改革的主要目的是激发学生的学习热情，培养学生良好的运动习惯，体育教学改革为高职院校体育教学带来了新思路、新方法。

一、体育教学改革的背景和意义

（一）体育教学改革的背景

高职院校作为培养技术型人才的重要基地，除了要求学生具有扎实的专业技能外，还需要具有较好的身体素质。这也就要求高职院校体育教学要有新的发展，适应新形势下高职教育的要求。高职院校体育教学改革主要基于以下两个方面的背景。一是高职院校人才培养目标发生了变化。在"以服务为宗旨，以就业为导向"的办学方针指导下，高职院校体育教学改革确实是非常重要的，特别是在当前高职教育的新形势下。二是社会对人才需求发生了变化。在经济发展与科技进步的带动下，社会对高技能人才的需求日益增加，对人才的综合素质要求也越来越高。

（二）体育教学改革的意义

高职体育教学改革的重要意义，主要体现在以下三个方面。一是有助于提高学生的身体素质。高职院校的学生普遍存在着课业压力大、学习任务重的现象，学生往往忽视身体素质的提高，通过体育教学改革，可以有效改变这种情况。二是有助于培养学生良好的体育精神。高职体育教学改革不仅注重学生身体素质的提高，同时也注重学生思想道德、意志品质以及创新能力的培养，从而促进学生综合素质的全面提升。三是有助于培养学生良好的运动习惯。体育教学改革之后，可以在课程设计、教学方法上进行创新，从而满足高职院校学生健康锻炼、终身锻炼的需求。学生通过体育锻炼，不仅能提高身体素质，还能培养良好的运动习惯。

为了适应人才培养目标的变化和学生的需求，高职院校可以考虑以下五个方面的改革。

（1）制订综合性的体育教学计划。高职院校可以结合学生的专业特点和培养目标，制订综合性的体育教学计划，包括体育课程设置、教学方法和评估体系等，确保学生在学习专业知识的同时也能够获得全面的体育锻炼。

（2）强化体育教学内容的实用性。体育教学内容应该更加注重实用性，可以引入一些与学生未来职业相关的体育项目或技能训练，帮助他们提升身体素质和职业能力。

（3）提倡健康生活方式。高职院校可以通过体育教学向学生宣传健康生活方式的重要性，鼓励他们积极参与体育锻炼，养成良好的生活习惯。

（4）创新体育教学方法。可以尝试引入新颖的体育教学方法，如运用科技手段辅助教学、开展团队合作项目等，激发学生学习体育课程的兴趣和积极性。

（5）加强体育设施建设和师资队伍建设。高职院校需要投入更多资源加强体育设施建设，提高体育教学条件；同时也要加强体育教师队伍建设，提升他们的教学水平和专业能力。

体育教学改革也意味着为学生提供更多元化的发展机会，培养学生的团队合作精神和适应能力。体育教学改革不仅仅是为了适应高职院校人才培养目标的变化，更是为了培养学生的综合素质，以满足社会对高素质人才的需求。体育教学改革的意义在于为学生提供更多发展机会，促进学生的全面发展，培养学生的团队精神和领导能力，为他们未来的职业生涯和终身发展打下坚实基础。

二、课程改革的基本内容

（一）课程设计

高职院校的体育课程不仅要体现出对学生身体素质的培养，还应该充分考虑学生对体育项目的兴趣。因此，高职院校的体育课程设计，应该注重课程内容的多样化、多元化。通过选择适合学生兴趣爱好的体育项目，将其融入学生的日常学习中，从而提高学生对体育活动的热情和兴趣，这样不仅可以在一定程度上促进学生身体素质的提高，还能够激发学生学习体育知识的动力。在对高职院校体育课程进行改革时，首先应该做好课程设计工作。在选择体育项目时，要根据学校和学生自身特点，在此基础上还应该根据学生未来就业方向选择体育项目。另外，要做好课程内容的整合工作。在课程内容整合过程中，要注重理论和实践的结合，对于理论知识而言，要与学生专业相结合；对于实践知识而言，则要与工作需求相结合。

（二）教学内容

在高职院校体育课程的教学中，教师需要将学生的学习情况作为重要的参考依据，以此对体育教学内容进行合理的调整与安排。以高职院校篮球课程为例，教师在进行篮球课程教学时，首先需要对学生的身体素质进行评估，根据评估结果决定是否需要学生先进行基础技能训练。其次，教师可以根据学生身体素质与技术水平确定不同的训练内容。在篮球运动中，技术水平是影响比赛胜负的关键因素，因此教师需要在篮球训练过程中重点对技术水平较高、身体素质较好的学生进行训练。与此同时，教师还需要根据不同学生对体育项目的喜好程度确定有针对性的教学内容。例如，对于足球运动爱好者来说，他们更喜欢踢足球这项运动。因此在开展足球课程教学时，教师可以先对足球基本知识进行讲解，随后教师可以让学生分组进行足球比赛练习。在教学过程中，教师需要重点培养学生对足球战术、技巧等方面的能力。此外在实际教学过程中，教师还可以进行科学合理的分组训练。

（三）教学手段

在传统的体育教学中，教师主要采用讲解法、示范法进行教学，学生只是被动地接受教师所传授的体育知识和技能，缺乏主观能动性。因此，教师在体育教学中要注重对教学方法的创新。在具体的教学过程中，教师可以采用先讲后练或边讲边练的方法，这样可以有效激发学生的学习兴趣和参与度，能够充分发挥学生的主观能动性，让学生在参与过程中发现问题、解决问题。

1. 利用多媒体资源和技术

教师可以利用多媒体教学手段，开展体育课程教学。多媒体资源结合实际体能锻炼，可以为体育教学提供更多元化的方式和更丰富的内容。教师可以利用多媒体资源，如视频、动画、音频等，来介绍各类体育项目的技巧和规则，让学生在课堂上通过视听的方式更好地理解和掌握知识。同时，教师还可以利用多媒体资源展示优秀运动员的表现，激发学生的学习兴趣和潜力。

在实际体能锻炼方面，教师可以结合多媒体资源设计各种有趣的体育活动和训练项目，引导学生在锻炼中享受运动的乐趣。例如，可以播放运动视频来示范正确的动作技巧，让学生模仿学习；或者利用有节奏的音乐来组织有趣的运动游戏，增加学生的参与度和活跃度。通过这些方式，学生不仅可以在体育课上进行体能锻炼，还可以在愉快的氛围中提高自身的运动能力和技巧。

教师还可以利用多媒体技术记录学生的体能锻炼数据，通过数据分析和图表展示，学生能更直观地了解自己的表现，并激励他们不断努力。同时，教师也可以借助多媒体技术与学生互动交流，及时反馈学生的学习情况，帮助他们解决问题，改进训练方法。

2. 多样化的教学手段相结合

以篮球教学为例，课前，教师将篮球比赛的视频播放给学生看，并要求学生在课后利用课余时间进行比赛，提高学生对体育课程知识与技能水平。除了篮球和足球，教师还可以引入其他体育项目，如羽毛球、乒乓球、田径项目等，通过多样化的体育活动来拓展学生的运动技能和体验。羽毛球比赛可以让学生体验不同于篮球和足球的运动乐趣，培养他们的手眼协调能力和灵活性；田径项目的训练可以提高学生的耐力和速度，培养他们的体能和毅力。

教师还可以结合游戏活动，设计更具趣味性和挑战性的体育课程。例如，可以设置体育知识问答环节，让学生在竞赛中学习体育知识；或者组织团队合作的体育游戏，培养学生的团队精神和沟通能力。这些创新的教学手段，可以激发学生的学习兴趣，增强他们对体育运动的热爱，促进他们全面发展。

三、体育教学改革案例分析

田径、篮球、足球是高职院校体育课程中的三个主要项目。以田径项目课程为例，田径项目课程的教学内容相对枯燥，再加教学模式单一，学生对该课程缺乏学习兴趣，导致教学效果不理想。为了激发学生的学习兴趣，教师可以利用多媒体教学手段，采用灵活多变的教学模式。例如在田径项目教学过程中，教师可以采用视频、图片、动画等多种方式，帮助学生理解田径项目的动作要领与技巧。在篮球课程的教学中，教师可以采用分组练习的方式，让学生在比赛中充分体会团队合作的重要性，教师还可以采用游戏的方式，激发学生参与篮球运动的兴趣。足球是高职院校中一项深受学生喜爱的运动项目，为了提高足球课程的教学成效，教师可以利用多媒体教学手段，加强对足球战术、训练技巧等方面知识的传授。

以我院高职体育课程为例，学校在 2015 年以前没有开设足球课程，在 2016 年开设了足球选修课，但是在课程设置上，学校并没有对其进行明确的规划。因此，在开展课程教学过程中，往往存在一些问题。例如，在实际教学中，由于学校缺乏足球方面的师资力量，导致学校无法保证学生能够达到专业的体育训练水平。此外，学校还存在着教学场地不足、学生人数过多等问题。为了解决上述问题，学校在 2017 年开始对原有体育课程进行改革与创新。首先，学校开展了"学训结合"的教学模式。

学校为学生提供足球场地、足球设备以及教师指导等，通过"学训结合"的教学模式，学校不仅能够让学生掌握一定的足球运动技能，还可以帮助学生将所学知识应用于实践当中。此外，为了让学生在实践中提高自己的专业水平与能力，学校还为学生提供了多个比赛平台与机会。例如，在 2017 年 9 月举办的"中澳班"足球赛中，学生与来自澳大利亚的大学生进行交流与互动。此外，学校还鼓励学生积极参加学校举办的足球比赛、辩论赛等活动。通过以上措施，学校在 2018 年取得了优异的体育教学成绩。虽然学校在体育课程设置上存在着一定的问题，但是在学校开展"学训结合"教学模式改革后，学生在专业知识方面的提升明显。例如，在 2018 级新生军训中，有很多学生表现出了极高的体育热情。此外，学校还成立了足球俱乐部，为学生提供了更多锻炼身体、展示自我价值的平台。这些活动不仅增强了学生对体育课程学习的兴趣与热情，还提高了学生的运动能力与身体素质。

四、体育课教学手段优化

（一）教学目标设定

高职体育教学必须要将学生的身体素质培养与课程教学有机结合，促使学生通过体育锻炼，提高身体素质。根据这一要求，在高职体育课程中，教师可以采用以下几种方式：首先是制定"学生能力评估标准"，并根据标准对学生的身体素质进行测评；其次是设定"体育课程目标"，并将其作为教师开展教学的依据；最后是设定"学生能力评估标准"和"体育课程目标"。这些标准和目标可以帮助教师明确每一阶段的教学任务。

（二）教学内容选择

在高职院校体育教学中，教师必须要根据学生的实际情况和需求，合理安排教学内容。例如，田径课程中，教师可以选择跑跳类、跳跃类项目作为田径课程的基本内容；在篮球课程中，教师可以选择篮球运球、

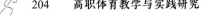

传接球作为基本内容。在这些教学内容中，教师要尽量避免难度系数太大、技术动作太复杂的项目。

（三）教学方法应用

在高职体育教学改革中，教师应该要积极采取有效措施，培养学生树立正确的体育锻炼意识，具体来说可以从以下三个方面入手。第一，合理利用多媒体技术，为学生创设良好的课堂环境；第二，采用"互动式"教学法，激发学生对体育课程的兴趣；第三，注重培养学生自主学习能力。

（四）考核评价机制构建

在高职体育教学中，考核评价机制的构建是体育课程改革中需要重点关注的内容。考核评价机制构建主要包括以下三个方面。首先，完善学生综合素质评价体系；其次，将学生体育学习成绩纳入综合素质评价体系；最后，完善课程考核标准体系。

第九章　结论与展望

第一节　研究成果总结与启示

我国高职教育经过 30 多年的发展，已经取得了巨大的成就，目前已成为我国高等教育不可忽视的重要组成部分。高职体育教育在高职教育中发挥着重要作用，随着时代的发展和社会对人才的要求不断提高，高职体育教育也在不断发展。相关资料显示，目前我国已有很多高校开展了体育教学和实践研究工作，并取得了一定的研究成果。但是我们也要看到其中的不足与局限，不断总结经验，推动高职体育进一步发展。

一、高职体育教学研究成果总结

（一）教学方法创新

高职体育教学研究在教学方法上的创新是为了更好地适应当代学生的学习需求和提高教学效果。其中，引入现代技术手段是一大亮点，如利用智能手机、平板电脑等设备辅助教学，通过网络资源和教学软件丰富课堂内容，激发学生的学习兴趣。同时，探索多元化评价方式也是一项重要举措，不再仅仅依靠传统的考试评价，而是结合课堂表现、作业完成情况、实践能力等进行综合评价，更全面地了解学生的学习情况和能力水平。此外，设计个性化学习方案也是教学方法创新的一部分，根据学生的兴趣、特长和学习风格，量身定制学习计划，让每位学生都能在适合自己的学习环境中得到有效指导和支持，提高学习效果和参与度。这些教学方法的创新不仅使高职体育教学更具活力和吸引力，也为学生提供了更多元化、个性化的学习体验，促进了他们的全面发展和成长。

（二）课程内容更新

对高职体育教学课程内容进行更新和优化，结合时事热点和社会需求，设计了更加符合学生实际需求和发展趋势的课程内容，以提升课程吸引力和实用性。将体育课程与健康生活、体育产业、体育科技等领域相结合，引入最新的科学理论和实践案例，让学生能够更好地理解体育在当今社会中的重要性和应用价值。同时，还要注重培养学生的综合能力和创新意识，设计了具有挑战性和实践性的课程项目，让学生在实践中学习和成长。

这些更新和优化的课程内容不仅让学生更好地适应当下社会的发展需求，也激发了他们对体育学科的兴趣和热情。通过与时俱进的课程设计，学生能够更加全面地了解体育领域的最新动态和趋势，为未来的就业和发展做好充分准备。同时，更新课程内容也为高职体育教学注入了新的活力和动力，促进了教学质量的提升和教学效果的改善。通过不断更新和优化课程内容，高职体育教学将更好地适应当代学生的学习需求和发展趋势，为他们的未来发展打下坚实的基础。

（三）教学资源共享

在高职体育教学研究的推动下，教学资源的共享和交流得到了进一步加强。教育机构通过建立合作机制，积极促进不同学校、不同地区之间的教学资源共享，实现了资源优势互补，提高了教学质量和效率。教师们通过参加教学研讨会、学术交流活动等形式，积极分享教学经验、教学方法和教学资源，相互学习、借鉴，共同提升教学水平。

教学资源的共享和交流不仅促进了教师之间互相学习和分享经验，还为学生提供了更加多元化和优质化的学习资源。学校之间可以共同开展教学项目，合作开设课程，为学生提供更广阔的学习平台和更丰富的学习体验。同时，教师们的教学水平也得到了提升，教学效果得到了改善，学生的学习成果也得到了进一步的呈现和提升。

（四）实践活动推广

通过推广实践活动，如体育比赛、社会实践等，促进了学生的全面发展和实践能力的提升，为学生未来的职业发展奠定了坚实基础。实践活动不仅可以让学生在实践中学以致用，将理论知识应用到实际生活中，还可以培养学生的团队合作意识、沟通能力和解决问题的能力。通过参与体育比赛，学生可以培养团队合作精神、竞争意识和自律能力，提高身体素质和运动技能。参与社会实践活动，学生了解了社会现实，培养了社会责任感和公民意识，提升了社会适应能力和实践能力。因此，推广实践活动对学生的全面发展和未来职业发展具有重要意义，应得到更多教育机构和研究者的支持和重视。

目前我国的高职体育教学取得了较大的进步，但仍然存在着很多问题。其中，体育教学方法缺乏创新，体育教学内容缺乏特色，体育教学评价方式不合理是目前高职体育教学存在的主要问题。高职体育教学内容相对比较单调，难以满足学生对体育的需求。高职院校开展体育教学的时间相对较短，有些学校还没有将其作为一门课程，因此对高职体育教育的研究还处于起步阶段。此外，对高职学生开展体质测试也比较困难，目前大多数学校都是使用身体素质测试表来进行体质测试，这种方法并不能真实反映学生的身体状况。因此，高职院校应建立起一套科学合理的体育教学评价体系，以衡量学生的学习情况和发展状况，这样才能真正将高职体育教学与实践研究工作落到实处，这样才能为高职教育的发展奠定良好的基础。

二、高职体育教学启示

（一）学校应不断加大对体育教育的投入

当前，我国大多数高校已经将体育教育纳入人才培养体系中，并开展了一系列有关体育教育方面的改革。然而由于种种原因，很多学校的体育教育仍然存在一些问题。如传统的体育教育模式教师只注重理论知识和技能的传授，忽视学生综合素质的培养等。这些问题阻碍了高职院校体育教学质量的提高，影响了学生综合素质的提升。

（1）高职院校在发展过程中应该重视学校体育教育工作，不断加大对体育教育的投入力度。虽然很多高职院校都建立了比较完善的体育教学体系，在一定程度上促进了学校体育事业的发展，但随着高职院校招生规模不断扩大，学生人数在不断增加，体育教学也需要更多的场地和设施。因此，学校应该加大对体育教育的投入力度，加强场地和设施建设工作。

（2）高职院校在发展过程中应该重视师资队伍建设。在教学过程中，教师需要结合学生实际情况和专业特点制订相应教学计划和教学目标，在课程设置方面应该注重理论知识与实践相结合。同时教师还需要加强对学生综合素质和能力的培养，培养学生养成良好的锻炼习惯和顽强拼搏精神等。

（3）应不断提高学生参与体育运动的积极性。一方面，很多学生在生活中缺乏锻炼意识，只关心学习成绩而忽视身体素质训练；另一方面，有些学生在学习过程中缺乏兴趣和热情，认为体育课就是放松身心的课。因此学校在发展过程中应该重视学生的体育运动参与情况，并通过各种措施提高学生参与体育运动的积极性。

为了提高高职院校体育教育教学质量和水平，学校还应根据自身发展实际情况，通过多种措施不断完善教学体系和课程设置，积极创新教学模式和方法，坚持以生为本、健康第一的理念，建立科学合理的评价体系，充分发挥学生主观能动性等。

（二）学校应重视对学生进行体质测试

在高职院校体育教育中，体质测试是一项必不可少的工作。在以往的研究中，我们发现了很多高职院校在体育教学中忽视体质测试的现象。导致这种现象的原因有很多，如学校对体育教学不够重视，对体育教学经费投入不足，没有专业的教师指导，等等。在对高职院校学生体质测试问题进行研究时，我们发现学生体质测试能够有效提高学生的身体素质，提高学生身体健康水平。但是，在以往的研究中我们发现，很多学生虽然已经参加了体质测试，但在体质测试结果中却存在一些问题。一些学生在参加测试时没有认真对待，还有一些学生对身体素质测试认识不足，没有认真做好准备工作，有些学生在测试时出现了作弊现象。这些现象不仅影响学生的身体素质和健康状况的评估，还影响学校对学生的管理工作。

对此，我们应该采取相应措施对体质测试进行改进和完善。首先，学校应该提高对体育教育的重视程度。例如，有的学校将体育教育作为一项可有可无的课程，认为只要能取得好成绩就可以了；有的学校没有明确的体育教学目标；有的学校虽然制定了体育教学目标和计划，但没有具体的实施措施。我们必须意识到体育教育在高职院校中的重要作用。通过调查我们发现，很多学校已经认识到体质测试对改善学生身体素质的重要性。因此，高职院校必须加强对学生体质测试的重视程度和管理力度。

1. 加强对学生体质测试的管理

在对学生体质测试进行研究时，我们发现在很多学校的学生体质测试工作中存在一些问题。在调查中我们发现，有些学校没有详细的学生体质测试设计方案，在测试过程中也没有相关人员进行监督，这就导致学生在测试时可能出现作弊的现象。因此，我们建议高职院校应该加强对学生体质测试工作的管理。首先，学校应该建立一个专门的学生体质测试管理部门。这个部门可以由学校的校长亲自负责，也可以由学校其他领导来负责。其次，学校应该制定相应的测试制度和测试方法。具体应包括：学生在参加体质测试之前必须经过严格的体检；学校在对学生进行体质测试时必须采取一定的安全措施；学校在对学生进行体质测试时必须坚持公正、公平、公开的原则；学校在对学生进行体质测试时必须安排专门人员对其进行监督；学校在对学生进行体质测试时应该对学生的身体状况和成绩进行记录等。

2. 加强对体育教师的培训

在对高职院校学生体质测试问题进行研究时，我们发现很多高职院校在进行体质测试时都缺少专业的指导教师。因此，为了有效提高高职院校体质测试质量，就必须加强对体育教师的培训，让他们在体质测试中能够充分发挥作用，让体育教师在学习中不断提高专业能力和水平。

3. 建立学生体质测试评价体系

学生体质测试存在的问题有测试成绩评定不科学、测试结果不准确、学生对身体素质测试认识不足等，因此需要建立科学的学生体质测试评价体系。建立科学的学生体质测试评价体系，需要我们将学生体质测试成绩的评定，体育教师对学生体质测试的评价，学校对学生体质测试的评价有机结合起来。在此过程中，我们还需要注意以下五点。

第一，学校应该根据国家相关文件制定出科学的、全面的、合理的学生体质测试评价体系。

第二，学校应该重视对体育教师的培训工作，提高体育教师对学生体质测试的认识。

第三，学校应该根据实际情况制订体育教学计划，并积极组织和开展各种体育教学活动。

第四，学校应该重视平时对学生的身体素质锻炼。

第五，学校应该根据实际情况选择适合的体质测试项目，并适当调整体育课程内容。

（三）学校应积极探索体育教学的新模式

随着高职体育教育改革的深入，在研究成果中，对体育教学模式的探讨占据了较大比重，比如"教学内容多样化、教学方法灵活化、考核评价科学化"等。虽然这些研究取得了一定的成果，但是还存在一些不足之处，比如对体育教学模式的探索还缺乏系统、深入的研究和分析。为了更好地推进高职体育教学改革的进程，学校应积极探索体育教学模式，可以尝试构建"三段式"体育教学模式、"二阶段"体育教学模式、"三阶段"体育教学模式等。高职院校可根据自身特点和实际情况，采用不同的体育教学模式，让学生能够掌握基本的锻炼方法。"三阶段"体育教学模式，即在第一学期开设理论课程，第二学期开设实践课程，第三学期进行技能考核。学生通过学习理论知识和实践操作，提高自己的身体素质。另外，为了更好地提高学生的体育学习兴趣，学校可以尝试将专业与体育教学相结合，充分发挥学生的主观能动性和积极性，让学生将所学到的知识和技能运用到实际生活中，从而更好地提高他们的实践能力和综合素质。

1. 建立符合高职教育特点的体育教学新模式

随着我国高职教育的迅速发展，高职体育教学改革也在不断深化，从整体上看，目前我国高职体育教学改革的重点是如何建立符合高职教育特点的体育教学模式，并以此为突破口推动高职体育教学的全面改革。高职教育是以培养生产、建设、管理和服务第一线的高技能人才为目标的综合性教育，要求学生具有较强的动手能力和一定专业技术技能。因此，要实现高素质技能型人才培养目标，就必须结合我国职业教育特点，从转变教育思想观念，改革体育课程设置、教学方法和教学手段，完善评价体系等方面入手，建立符合高职教育特点的体育教学新模式。

2. 转变体育教育观念，更新体育教育思想

新的体育课程体系打破了传统的观念，确立了"健康第一""以学生为主体"的课程目标，强调了学生在学习中的主体作用，为学生提供更多选择的机会和自我发展的空间，让学生根据自己的兴趣爱好、身体状况和不同需求进行自主选择；将运动技能学习放在首位，让学习内容贴近学生生活实际；根据社会需要，引导学生树立正确的世界观、人生观、价值观，培养学生终身体育意识和习惯；同时，还注重对学生身体素质、心理素质和社会适应能力等方面进行全面评价，促进其全面发展，从而培养出适应社会需要的体育人才。

（四）学校应进一步完善体育课程体系

在当前高职体育教学中，学校体育课程体系存在很多问题，包括课程设置不符合实际需求，教学内容比较单一，课程结构不合理等，这些问题不仅影响学生的身体健康水平的提高，而且也不能让他们适应社会发展的需要。因此，为了适应社会的发展，学校必须完善体育课程体系，这样才能提高学生的身体素质和职业技能。首先，学校应根据社会需求和学生自身发展需要设置体育课程。在设置体育课程时，要明确体育课程的教学目标和内容，要注重提高学生综合素质。其次，学校应加强对体育教师的培训工作。学校应制定完善的培训目标和计划，采取多种形式对体育教师进行培训，以提高体育教师的专业技能水平和教学水平。最后，学校应加强对学生进行个性化教育。根据学生的自身情况和兴趣爱好设置不同层次、不同内容的教学计划。如在组织运动技能教学时，

可以根据学生的不同需求来制订相应的教学计划；在组织体育运动技术教学时，可以根据学生的兴趣爱好设置不同水平、不同难度和不同形式的教学内容；在组织体能训练时，可以根据学生的身体状况设置不同难度、不同强度和不同项目的训练内容。

第二节　对高职体育教学与实践研究的展望

体育教学与实践研究是指对体育教学与实践中的问题进行研究，其主要目的是促进高职院校体育教学质量的提升，为社会输送更多的专业技术人才。随着教育事业的不断发展，高职院校在体育教学与实践方面取得了一定的成果，但同时也存在着一些问题。这就需要高职院校在进行体育教学与实践研究时，必须要结合高职院校实际情况，找出具体问题所在，有针对性地采取有效措施予以解决。本节对高职体育教学与实践研究进行了分析和探讨，希望能够为相关人员提供有效的参考，进而共同促进高职院校体育教学质量的提升。

一、明确教学目标，改革教学方法

高职体育教学与实践研究要想取得更好的成效，就必须要明确体育教学与实践的具体目标，并针对不同的教学目标制定不同的教学方案。这是因为高职院校中的学生的基础水平存在着较大的差异，这就需要教师在进行体育教学与实践时，注重对学生体育基础能力和体能的培养。教师可以通过设置情境化的教学内容来提升学生的学习兴趣，从而让学生主动积极地参与到体育锻炼中。此外，教师还可以利用多媒体技术为学生打造良好的体育课堂氛围，还可以通过设置趣味化的游戏环节提高学生的参与度，让学生能够在愉快的氛围中完成体育锻炼。总之，高职院校体育教学与实践必须要从实际情况出发，针对不同阶段制定不同的教学目标，从而提高教学质量。

首先，教师在组织体育教学与实践时要注重对学生身体素质的培养。高职院校在开展体育教学时不仅要关注学生知识方面的提升，还要注重对学生身体素质的培养，如教师可以设置一些与健康相关的体育比赛活动提升学生的参与度，既能促进学生身体素质的提升，又能够促进学生综合素质水平的提高。其次，教师还可以利用一些简单有趣且富有挑战性的体育比赛项目来激发学生参与体育运动的兴趣和热情，如教师可以安排一些趣味跑、足球接力等具有挑战性又有趣味性的活动来激发学生参与体育运动的热情。开展体育教学时教师还需关注学生的心理问题，教师可以通过设置游戏环节、小组讨论等方式来增加其参与体育运动的积极性，从而培养他们良好的心理素质。

二、创新教学内容，丰富体育资源

在组织体育教学时，教师要加强对教学内容的创新，让体育教学更加有针对性。教师可以将体育课与其他课程相结合，使体育课堂不再是简单的运动技能训练课程，而是将学生综合素质培养融入其中，让学生能够在体育运动中全面提升自己。这样不仅能够让学生对所学内容记忆深刻，而且能够使其身体素质得到明显提高。同时在进行体育课程教学时还要注意丰富体育资源，让体育课堂更加丰富多彩。目前高职院校中所使用的教材大多是从成人教育或基础教学中发展而来的，内容相对比较单一，因此高职院校必须要根据实际情况对教材内容进行创新和补充。教师可以通过收集网络上的教学资源或咨询相关专家来丰富体育课程内容。例如，教师在进行篮球课程教学时，可以收集一些篮球明星的视频以及各种篮球比赛的视频资料。当然，为了更好地促进高职院校体育课程改革工作的开展，高职院校还必须要创新教学内容。通过各种方式激发学生的学习兴趣，丰富学生体育知识，提升学生身体素质，使其对体育课程有更深刻的理解，进而为日后向社会输送更多专业技术人才打下良好基础。

三、创新体育考核方式，增强学生自信

随着素质教育的不断发展，高职院校的体育考核方式也应该进行相应的改革和创新，为学生提供更加多元化、个性化的体育考核方式。首先，在考核内容上，高职院校的体育教师应该将学生的身体素质作为考

核内容，进而为学生制定科学、合理的体育考核标准，促进学生身体素质不断提升。只有将学生身体素质作为考核内容才能为学生制定科学、合理的体育考核标准。其次，在考核方法上，高职院校应充分发挥体育教师自身优势作用。高职院校体育教师具有丰富的教学经验和专业知识，让学生清楚地了解自身身体素质情况与项目得分之间的联系，进而激发学生参与体育锻炼的热情。最后，在进行体质测试时，高职院校应注重加强体育教师队伍建设。高职院校要加强体育教师队伍建设工作，加大体育教师培训力度和经费投入力度，通过培训和经费投入来提升体育教师队伍综合素质与专业能力水平。

四、总结

综上所述，高职院校在开展体育教学时应通过转变传统教学观念和教学理念，明确教学目标，创新教学方法与手段，丰富体育资源和内容，创新课程考核方案等多种措施，促进体育教学质量的提升和学生综合素质的发展。同时，高职院校还应该重视体育课程改革与创新工作，在课程教学中引入更多符合高职院校学生实际需求和心理特点的课程内容和项目，以调动学生的学习兴趣和积极性。另外，还要建立健全有效的评价机制，引导学生积极主动参与体育学习与锻炼活动。

参考文献

[1] 柴龙铣.“课程思政”融入高职体育教学中的路径研究[J]. 内江科技，2020，41（5）：133-134.

[2] 陈德旭. 高职院校体育“课程思政”建设研究[J]. 体育风尚，2021（5）：179-181.

[3] 陈少锋. 关于高职体育教学中课程思政的研究[J]. 工程技术研究，2020，5（23）：240-241+249.

[4] 翟俞豪. 课程思政融入高职体育教学的研究[J]. 襄阳职业技术学院学报，2023，22（4）：85-88+102.

[5] 董青青. 职业体能需求导向下高职体育教学的实然与应然[G]. 第七届中国体能训练科学大会论文集，2022：290-294.

[6] 胡碧波. 协同育人理念下高职体育教学与心理健康教育融合的实践分析[G]. 2023 教育理论与管理第一届“新课程改革背景下教与学高峰论坛”论文集（一），2023：208-210.

[7] 浑涛. 大数据与体育教育创新视角下高职体育教学改革研究[J]. 湖北开放职业学院学报，2023，36（3）：6-7+10.

[8] 李雅霖，胡澎. 高职院校旅游类专业课程思政的实践进路[J]. 中国职业技术教育，2022（35）：71-74.

[9] 李宇航. 健康中国战略下的高职体育教学改革探索[G]. 2023 年全国体育社会科学年会论文集，2023：269-272.

[10] 李钰锐. 体育强国战略背景下拓展训练在高职体育教学中的应用[G]. 2022 教育教学与管理（高等教育论坛）论文集，2022：473-474.

[11] 李长江. 根基、困境、理路：课程思政赋能高职体育教学[J]. 包

头职业技术学院学报，2022，23（3）：77-81.

[12] 刘长鑫. 拓展训练在高职体育教学实践中的应用初探[G]. 2023教育理论与管理第一届"新课程改革背景下教与学高峰论坛"论文集（一），2023：403-405.

[13] 倪洁，石萌光."课程思政"理念融入高职体育课程的路径探寻[J]. 冰雪体育创新研究，2021（10）：49-50.

[14] 曲倩倩. 新时代高职体育教学的创新路径分析[J]. 江西电力职业技术学院学报，2022，35（11）：46-48.

[15] 任鹏. 基于技能型人才培养的高职体育教学改革探究[J]. 江西电力职业技术学院学报，2022，35（11）：28-30.

[16] 邵媛. 体育课程思政的历史考察、时代价值与发展路径研究[J]. 南京体育学院学报，2023，22（2）：61-66.

[17] 孙克军，范凤兰，邢小江. 基于职业素养培养的高职体育教学中加强职业体能的对策分析[A]. 第三十届全国高校田径科研论文报告会论文专辑，2020.

[18] 孙鲁，邢小江. 基于身心健康发展的3+2制高职体育教学改革探究[G]. 第三十届全国高校田径科研论文报告会论文专辑，2020.

[19] 孙羽枫. 强身健体：高职体育教学的初心与旨归[J]. 科教文汇（中旬刊），2021（2）：148-149.

[20] 吴丽霞. 探析课程思政视域下高职体育课程与思想政治教育相融合[J]. 教育教学论坛，2020（26）：87-88.

[21] 谢亚雄. 课程思政在高职体育教学中应用探究[J]. 佳木斯职业学院学报，2021，37（1）：142-144.

[22] 许智勇."课程思政"视域下的高职体育授课分析[J]. 大学，2021（49）：148-150.

[23] 杨跃辉. 新课标学科核心素养理念对高职体育教学创新作用浅谈[G]. 2023智慧城市建设论坛广州分论坛论文集，2023：553-554.

[24] 张立涛. 高职体育课程思政"两元育人"模式构建研究[J]. 青少年体育，2021（8）:28-29.

[25] 张莉. 中高职体育教学重要性及策略研究[G]. 广东省教师继续教育学会第六届教学研讨会论文集（三），2023：950-953.

[26] 张淑辉，高雷虹，杨洋. 高校课程思政混合式教学困境及改进策略[J]. 教育理论与实践，2023，43（3）：57-60.

[27] 张志成. 高职体育教学中的德育渗透研究[G]. 广东省教师继续教育学会第六届教学研讨会论文集（六），2023：861-864.